KB185317

몸값을
올리는
직장인 글쓰기

6pt ▾ A A a

실무에서 바로 써먹는

몸값을 올리는 직장인 글쓰기

송프로 지음

메신저, **이메일**, **보고서**, **기획안**은 기본!
노션, **링크드인**부터 **챗GPT** 활용법까지
아낌없이 알려주는 일잘러의 글쓰기 꿀팁

RHK
알에이치코리아

프롤로그

당신의 꿈은 무엇인가?

나의 사회생활 첫 꿈은 정규직이었다. 150만 원은 내가 기억하는 첫 월급이다. 나는 계약직 인턴으로 사회생활을 시작했다. 당연하게도 회사는 내게 중요한 일을 주지 않았고, 언제 잘릴지 모른다는 생각이 옆자리 동료에게서 느껴졌다. 위축되었지만 마냥 상황을 탓할 수 없었던 그때 '인정받는 직장인이 되어, 몸값을 높이자'고 결심했다. 일 잘하는 동료처럼 되기로 마음먹은 것이다.

과연 일을 잘한다는 것은 어떤 것일까? 그 후로 회사 사람들을 관찰해 보니 소위 일잘러들은 '글을 잘 쓴다'는 공통점을 발견했다. 그렇게 글을 잘 쓰기 위한 노력이 시작됐다. 글을 잘 쓰려면 먼저 많이 읽어야 한다. 읽기만 하는 데서 그치지 않고 꾸준히 글도 썼다.

그 결과, 기획안을 작성하고 발표한 내용이 높은 평가를 받으면서 정규직이 됐다. 정규직이 되고 보니 그건 꿈이 아니라, 하나의 과정일 뿐이라는 사실도 알게 됐다. 이후에는 이메일을 쓸 때조차 잘 쓰는 방법을 고민하고, 메신저 하나도 글이라 생각하며 썼다. 업무 기회가 생길 때마다 양질의 회의록과 보고서를 쓰기 위해 노력했다. 덕분에 특진을 하고, 경력직으로서 몸값을 올리기 위해 대기업으로 이직도 성공했다. 이 모든 일의 바탕에는 글쓰기가 있었다.

직장을 다니면서 300일 넘게 하루도 빠지지 않고 글을 쓰는 챌린지에 참여하고, 주말에는 리뷰나 에세이를 써서 SNS에 업로드했다. 이 경험이 모여 한 권의 책으로 탄생했다.

자랑을 늘어놓았지만 이 책은 개인의 성공담이 아니다. 평범한 직장인이 글쓰기를 루틴으로 만들며 성장하는 현실적인 방법에 관한 이야기다.

이 책은 이미 일을 뛰어나게 잘하는 사람, 글을 정말 잘 쓰는 사람은 읽지 않아도 된다. 그보다 평범한 직장인, 사회 초년생, 어쩔 수 없이 글을 써야 하는데 실천하기 쉽지 않은 사람을 위한 책이다. 내가 그런 사람이었기 때문이다.

마지막으로, 감히 한 가지 부탁을 한다면 책 본문은 내가 썼지만 완성은 이 책을 읽는 독자가 해주었으면 좋겠다. 이 책을 지저분하게 읽으면 좋겠다. 책의 중간중간 예시를 보며 직접 써보라고 제안하고 싶다. 각 챕터마다 핵심 문장을 찾아 밑줄을 그어보기 바란다. 글쓰기 실력을 높이는 방법은 글을 써보는 방법밖에 없다.

이 책으로 인해 글쓰기가 직장에서의 몸값을 올려주는 수단이 될 뿐 아니라, 직장 밖으로도 시야를 넓히는 계기가 되기를 바란다.

송프로

목 차

3장 직장인의 말은 문서다

4장 글쓰기도 트렌드를 알아야 한다

office

write

goal

1장

직장인, 글을 잘 써야 할까

01 직장인이 몸값 올리는 방법

연봉과 글쓰기의 관계

직장인에게 주어지는 최고의 보상은 무엇일까? 대부분의 직장인은 연봉이라고 대답할 것이다. 물론 성취감, 전문성, 사회생활을 통해 배우는 지혜, 인맥 형성 등 다양한 보상도 있다. 하지만 이 모든 부분이 충족되더라도, 직장인은 결국 연봉이라는 보상 없이는 직장 생활에 동기부여를 받기 어렵다. 《아, 보람 따위 됐으니 야근 수당이나 주세요》 같은 책이 나오는 것도 우연이 아닐 것이다.

연봉, 즉 직장인의 몸값은 대체로 개인의 성과에 비례한다. 높은 성과를 내는 직원이 상위 고과를 받고, 그 결과로 연봉 상승과 진급에 유리해지기 때문이다. 그렇다면 직장인의 몸값을 빠르게 올리기 위해, 좋은 성과를 내기 위해 필요한 스킬은 무엇일까? 직장에서는 일반적으로 다음과 같은 스킬을 기본으로 요구한다.

- 올바른 이메일, 메신저 커뮤니케이션 방법
- 주어진 업무를 정확히 이해하는 문해력
- 문제를 원만하게 해결하는 협상력
- 보고서 작성 능력
- 새로운 프로젝트 기획력
- 성과를 잘 포장하고 어필하는 능력

이 스킬들의 공통점이 있다. 바로 '글쓰기'가 그 기반이라는 점이다. 이메일, 메신저를 통해 커뮤니케이션을 하거나, 보고서를 작성하고 발표 자료를 만드는 모든 과정이 글쓰기를 필요로 한다. 상사나 고객에게 보내는 메시지조차도 하나의 글쓰기다. 뿐만 아니라, 문제를 협상하거나 업무를 기획할 때도 먼저 논리적인 흐름을 글로 정리할 수 있어야 한다. 성과를 어필하거나 발표를 할 때에도 마찬가지다. 말을 잘하기 위해서는 머릿속에 내용이 차곡차곡 정리돼 있어야 한다. 발표를 잘하려면, 사전에 글로 먼저 정리가 필요한 것도 같은 맥락이다.

특히나 코로나 이후 비대면 업무가 보편화되면서 글쓰기의 중요성은 더욱 커졌다. 직접 회의실에서 얼굴을 맞대고 의견을 나누는 대신, 재택근무로 인한 서면 보고나 화상 회의로 대체하는 기업도 많아졌다. 그래서 비대면 업무일수록 정교한 서면 기록이 필수가 되었다.

사무실에 출근하는 직장인도 마찬가지다. 출근하자마자 쌓인 이메일, 메신저 그리고 퇴근 전까지 완성해야 할 보고서 등 회사는 끊임없이 글쓰기를 요구한다. 그것도 '잘' 쓰고 '빠르게' 써야 한다. 결국, 어떤 직장인이든 글을 잘 써야 인정받을 수 있다. 그 후에는 상위 고과, 진급 그리고 연봉 상승으로 이어진다.

이직에도 글쓰기는 필요하다

직장에서 몸값을 올리는 방법도 있지만, 이직으로 몸값을 올리는 방법도 있다. 한 직장에서 최상위 고과를 받거나 진급하지 않으면 연봉 인상률이 크지 않기 때문이다. 반면, 이직은 협상을 거쳐 더 높은 연봉 인상률을 기대할 수 있다. 특히 경력직의 경우, 역량에 따라 연봉을 협상하는 기업이 많기 때문에 이직은 몸값을 올리는 또 다른 좋은 방법이다.

이직을 하고 싶다면 글쓰기는 필수다. 누군가는 "경력직은 경력기술서가 더 중요한 거 아닌가?"라고 물을 수 있다. 그 경력기술서 역시 글쓰기가 바탕이 되기 때문에 중요하다. 실제로 HR 담당자들은 경력직의 이력서나 자기소개서를 매우 중요하게 본다. HR 테크 기업 인크루트가 인사담당자를 대상으로 '신입, 경력 이력서 검토 시 가장 중요하게 보는 것'으로 이력서 내 직무 경험을 꼽았다. 또한 '향후 채용 과정에서 자소서 평가를 없앨 가능성이 있는가'라는 물음에는 85% 이상이 '없애지 않을 것'이라 답했다.

인사팀에서 채용 업무를 담당했던 경험을 바탕으로 말할 수 있다. 신입이든 경력이든 이력서, 자기소개서, 경력기술서는 그 사람의 첫인상이다. 따라서 누구에게든 자신을 드러내는 글쓰기는 필요하다. 그것이 자기소개서라는 이름으로 요구될지, 이력서 혹은 경력기술서라는 이름으로 요구될지 그 차이일 뿐이다.

아무리 좋은 스펙을 가지고 있어도 서류가 성의 없어 보이거나 오탈자가 있으면 함께 일하고 싶다는 생각이 들지 않는다. 반면 비슷한 경험이라도 정성스럽게 자신을 어필하고, 읽는 사람을 배려한 서류는 기억할 수밖에 없다. 그래서 신입이든 경력이든 채용 담당자에게는 첫인상이 서류임은 변함없는 사실이다. 첫인상이 좋지 않으면 그다음 단계로 넘어가기조차 어렵다.

이처럼 현재 직장에서 성과를 인정받아 몸값을 올리든지, 이직을 통해 몸값을 올리든지 글쓰기는 선택이 아닌 필수다. 몸값을 올리고 싶다면 가장 먼저 글쓰기 역량을 키우자.

답은 꾸준한 연습뿐이다

직장인에게 글쓰기 역량이 얼마나 중요한지 직접 경험을 통해 잘 알고 있다. 인턴 시절, 나는 업무 보고서나 프레젠테이션 자료를 준비할 때마다 글쓰기에 공을 들였다. 당시 회사에서 소위 일 잘하는 사람은, 상사와 원활하게 의사소통하고, 보고서를 잘 작성하며, 업무 자료를 만들어 아낌없이 공유했다. 이를 보며 실제 업무 성과뿐만 아니라 그 성과를 어떻게 효과적으로 전달하는지가 중요함을 배웠다. 물론 직장에서 글쓰기는 결코 쉽지 않다. 특히 사회 초년생에게는 더욱 어렵다. 중고등학교에서 쓰는 글짓기나 대학에서 과제로 제출하는 글쓰기와는 성격이 다르기 때문이다.

직장 내 글쓰기는 동료와의 의사소통 수단이자 성과를 전달하는 도구다. 논리적이고 간결하면서도 명확하게 전달해야 한다. 답은 꾸준한 연습과 노력뿐이다. 진부하지만 그것이 정답이다.

그래서 나는 1등으로 출근하기가 어렵다면, 평소보다 30분 일찍 일어나기로 결심했다. 그리고 모닝 페이지라는 것을 만들어 생각을 정리하고 출근 전에 독서와 글쓰기를 했다. 하루 10분이라도 시간이 나면 글 쓰는 습관을 들였다. 이렇게 일상에서 글쓰기라는 루틴을 추가했다. 이를 사회 초년생부터 특별한 이슈가 없는 한 꾸준히 했다. 내가 한 일은 이게 전부였다.

이 노력은 비정규직 인턴에서 정규직으로 전환될 때 큰 영향을 미쳤다. 특히 실무 평가와 전환 평가 프레젠테이션에서 1등을 차지하게 되었는데, 그 이유는 글쓰기 루틴 덕분이었다고 생각한다. 보고서를 준비하고 프레젠테이션을 구성할 때, 복잡한 내용을 간결하고 명확하게 전달하는 데 글쓰기가 큰 역할을 했다. 평가 과제를 접할 때도, 독서와 글쓰기로 문해력을 기르는 연습을 한 덕을 볼 수 있었다.

과제가 주어지면 나는 상사의 의도부터 명확히 파악했다. 가령, '자신의 업무를 소개하고 개선점을 찾아 발표하라'는 과제가 주어졌다고 하자. 나는 그 과제의 진짜 목적을 먼저 파악하려 했다. 단순히 업무와 개선점만 나열하는 것이 아니라, 왜 이 과제를 주었는지, 내게 무엇을 기대하는지에 집중했다. 상사가 기대하는 부분은 단순 사실에 대한 나열이 아니라, 이 사람이 업무 전반을 얼마나 이해하고 있는지, 자기 주도로 문제를 해결할 역량을 갖고 있는지다. 마침 정규직 전환을 앞두고 있는 시점이어서 업무를 소개하는 데 그치지 않고, 일하면서 고민한 견해를 덧붙였다. 그 고민이 개선점으로 이어지고, 구체적인 해결책과 앞으로의 계획을 소개하는 흐름으로 발표했다. 논리의 흐름이 중요하기 때문이다. 여기서 개선점은 평가자인 임원진이 궁금해 할 사항을 업무와 연관 지었다. 마지막으로, 당시 회사의 홈페이지에 인재상으로 게시된 역량을 보여줄 만한 사례를 발표 중간중간에 넣었다. 그 결과, 전환 평가 이후 나는 인턴 중 유일하게 원하는 부서를 선택해서 갈 수 있는 혜택을 받았다.

이후에도 직장에서 글쓰기는 지속적으로 성과에 영향을 주었다. 매 분기마다 성과 평가를 받을 때, 단순히 업무를 잘하는 것뿐만 아니라 그 성과를 어떻게 정리하고 보고하는지가 중요했다. 나는 성과를 명확하게 표현하고, 달성한 성과를 설득력 있게 전달할 수 있는 방법을 계속해서 연구했다. 결국 입사 후 첫 입사 평가에서 최상위 고과를 받을 수 있었고, 이는 경력 발전에 중요한 전환점이 되었다.

이직을 준비할 때에도 글쓰기는 큰 무기가 되었다. 경력기술서와 자기소개서를 작성할 때, 나의 역량과 경험을 명확하게 전달했고, 그 덕분에 채용 담당자에게 좋은 인상을 남길 수 있었다. 결국 서류와 면접 모두 글쓰기로 통과했다고 해도 과언이 아니다. 나아가 나는 오래 꿈꿔왔던 대기업으로 이직하는 데 성공할 수 있었다. 이 모든 과정에서 느낀 점은 글쓰기가 직장인의 몸값을 올리는 데 핵심 역할을 했다는 사실이다.

물론 아직 갈 길은 멀다. 목표까지는 아직 많이 남았으며 지금도 성장하고 있다. 그럼에도 불구하고 낮았던 시작점에 비해 빠르게 성장했다는 사실, 그 과정에서 글쓰기가 가장 큰 도움을 주었다는 사실을 말하고 싶다.

이처럼 직장인에게 글쓰기는 단순한 업무 스킬 그 이상이다. 글쓰기는 성과를 극대화하고, 그 성과를 명확하게 표현해 줄 수 있다. 자신의 가치를 빠르게 높이는 핵심 도구인 것이다.

여기서 의문이 들 수 있다. '나는 글을 잘 못쓰는데, 직장에서 인정받기 어려운 걸까?', '이직은 하고 싶은데 글쓰기는 자신이 없는데 방법이 없을까?' 결론부터 말하자면, 원래 글을 잘 쓰는 사람이 아니어도 된다.

이 책에서 말하는 글쓰기는 직장인의 글쓰기다. 직장인이 글을 잘 쓴다는 것은 무슨 뜻일까? 바로 '커뮤니케이션'을 잘한다는 의미다. 핵심을 담아 간결하고 효과적으로 표현하기, 상대의 말을 이해하고 내 뜻을 명확하게 전달하는 것. 이것이 직장인의 글쓰기다. 그러니 스스로 필력이 없다고 생각해도 상관없다. 이 책에서는 화려한 문학적 글쓰기를 다루지 않는다. 직장인이 어떻게 효과적으로 커뮤니케이션 할 수 있는지에 초점을 맞췄다. 그러니 '나는 글에 소질이 없어'라며 포기하지 말자. 분명 글쓰기는 연습으로 향상시킬 수 있다. 특히, 직장인 글쓰기는 몇 가지 패턴을 이해하고 연습하면 된다. 그저 이 책의 흐름을 따라오면서 이해하고, 실습하면 된다. 앞서 말했듯 텍스트를 받아들이지만 말고 직접 쓰면서 만들어내자. 이는 당신의 글쓰기 역량을, 장기적으로는 몸값을 올려준다.

02

글은 쌓여서 재산이 된다

글도 하나의 재산이다

당신은 '재산' 하면 무엇이 떠오르는가? 현금, 주식, 부동산, 자동차 등 사람마다 떠오르는 재산의 개념도, 각자 가지고 있는 재산의 종류도 다를 것이다. 직접 모으고 쌓은 재산은 보기만 해도 뿌듯하다. 물질적 혹은 정신적으로 도움을 주기도 한다. 그런데 글도 재산이 될 수 있다. 오늘부터 당신이 모으는 재산 목록에 글을 추가하기 바란다.

단, 일시적으로 잠깐 쓰고 마는 글은 재산이 아니다. 꾸준히 써야 하고 지혜롭게 활용해야 한다. 글을 잘 활용한다는 건 나만 보는 게 아니라, 다른 사람도 볼 수 있게 해야 한다는 뜻이다. 이 부분은 다른 재산과는 성격이 다를 수 있다. 현금을 많이 가지고 있다는 사실을 남이 알아서 좋은 점은 딱히 없기 때문이다. 그런데 글은 다르다. 내 일기장에만 꾸준히 글을 쓰면 사람들은 내가 글을 쓰는 사람인지 모른다. 글이라는 재산을 모으고, 마음껏 뽐내도록 하자. 특히 직장인은 업무와 관련된 글을 재산으로 모아두면 좋다. 구체적으로 글을 쓰면서 어떤 재산을 얻을 수 있는지 알아보자.

업무 능력을 키워주고 증명해 주는 재산

업무 능력은 물질적인 재산 불리기에 도움을 줄 수 있다. 사회에서 업무 능력은 곧 몸값과도 연결되기 때문이다. 업무 분야의 글을 꾸준히 쓰면 일을 잘하게 될 확률이 높아진다. 내가 한 일을 돌이켜볼 수 있고, 문제가 있었다면 어떻게 해결했는지 기록해서 추후에 참고 자료로 쓸 수 있다. 게다가 글로 정리하면서 일의 본질을 다시 이해하게 된다. 그리고 일에 익숙해져 기존 방식에서 벗어나지 않고 기계적으로 하기 쉬운데, 글로 써보면 업무 프로세스를 재점검하며 새로운 관점에서 문제를 바라볼 수 있다. 사소한 단어의 정의조차 다시 생각해 보게 되고, 더 나은 방법을 떠올릴 수 있는 기회가 된다. 즉, 업무 효율성을 높일 수 있다.

예를 들어, 일을 하는데 비슷한 문제가 반복된다고 가정해 보자. 나는 회사에서 어떤 업무의 전자문서 결재를 승인하는 결재자 중 한 사람이었다. 그런데 결재를 올리는 많은 직원이 비슷한 실수를 했다. 실수 유형은 결재 경로를 잘못 설정한다거나, 첨부 파일을 잘못 올리는 등 비슷한 일이 반복됐다. 이 경우에는 동일한 내용을 매번 다른 사람에게 설명해야 한다. 이럴 때는 기존 프로세스를 의심해 보자. 다수가 비슷한 실수를 할 때는 높은 확률로 공지 글에 문제가 있다. 애매하고 오해할 만한 표현을 썼다거나 중요한 내용을 강조하지 않아서 생기는 일일 수도 있다. 나는 공지 글을 명확한 표현으로 수정했고, 이후 문제는 확실히 줄어들어 불필요한 시간을 낭비하지 않을 수 있었다.

이처럼 글쓰기는 효율성을 얻을 수 있는 업무 능력 재산이다. 내가 글쓰기에 관심이 없었다면, 기존 공지 글의 문제점을 인식하지 못했을 것이다. 직장인에게 시간은 돈이다. 나는 사소한 단어와 표현 방식의 차이를 안 덕분에 시간과 수고를 아낄 수 있었다. 이러한 사례가 쌓이면 평판이 좋아지고, 성과를 만든다. 즉, 직장인에게 엄청난 재산이 된다.

또한, 글은 쌓여서 포트폴리오가 되어 나를 증명해 준다. 여기 두 사람이 있다고 가정해 보자. 한 사람은 그저 일을 하기만 하고, 다른 한 사람은 일에 관한 글을 꾸준히 썼다. 두 사람이 5년 동안 같은 일을 했다고 해도 동일한 평가를 받지는 않을 것이다. 왜일까? 꾸준히 글로 남긴 사람은 자신이 어떤 일을 했는지, 그 일의 목적은 무엇이었는지, 그 일을 잘하기 위해 어떻게 했는지, 시행착오를 통해 얻은 교훈까지 명확하게 증명할 수 있다. 반면, 글로 남기지 않은 사람은 이 모든 내용을 짧은 시간 안에 떠올리고 설명해야 한다. 이는 결코 쉬운 일이 아니다. 꾸준히 관련된 글을 쓴 사람보다 그렇지 않은 사람이 좋은 평가를 받기는 어렵다.

누군가에게 자신이 그동안 어떤 일을 해왔는지, 그 일은 어떤 일이었는지 물어보면 어떨까? 명확하게 바로 설명하기는 생각보다 쉽지 않다. 그동안 해온 많은 업무를 한순간에 기억하고 표현하는 일은 결코 쉬운 일이 아니다. 따라서 시간을 내서 꾸준히 글로 정리하는 것이 효율적이다.

이는 추후 자신의 성과를 증명해 내야 할 때, 혹은 이직을 해야 할 때 빛을 발한다. 그때가 되면 그동안 차곡차곡 쓴 글이 얼마나 큰 재산인지 알게 된다. 즉, 글은 업무 능력을 향상시켜 주는 동시에 성과를 증명하는 포트폴리오가 된다.

실제로 최근 취업준비생, 직장인 사이에서 포트폴리오 공유 플랫폼을 커리어 증명 도구로 활용하는 경우가 늘고 있다. 특히 이직 단계에서 채용 담당자나 헤드헌터는 링크드인Linkedin 같은 사이트를 보는 경우가 많다. 자신의 이력과 직무 역량, 특기를 꾸준히 업데이트하면 이직 제안 연락을 받을 확률이 높아진다. 요즘에는 노션Notion 포트폴리오를 활용하는 경우도 많다. 깔끔하고 보기 좋게 이력을 정리할 수 있기 때문이다. 개발자의 경우, 깃허브GitHub 플랫폼에 자신의 코드를 저장하고 공개하여 포트폴리오로 활용할 수 있다. 진행한 프로젝트, 코딩 능력 등을 보여줄 수 있어서 실력을 검증하는 데 중요한 참고 자료가 된다. 사진작가가 자신의 작업물을 인스타그램에 꾸준히 업로드하며 역량을 증명하듯이, 영상 콘텐츠 크리에이터가 유튜브 채널을 포트폴리오로 활용하듯이 꾸준히 공개적으로 직무 역량을 증명할 필요가 있다.

업무에 재산이 되는 생산성 도구

1. 링크드인LinkedIn

글로벌 비즈니스 네트워킹 플랫폼으로, 업계 소식을 접하고 자신의 업무 프로필과 전문성을 보여줄 수 있다. 비즈니스 인맥 형성, 채용이나 이직 기회 탐색을 위해 주로 사용한다. 특히 채용 담당자나 업계 전문가가 많이 사용해서 다양한 기회를 얻기 유용하다.

- 구직 플랫폼 활용법

링크드인에서 인재 pool을 찾기 쉬운 만큼, 구인을 위해 채용 담당자나 헤드헌터가 주로 사용한다. 업무 경력과 스킬로 프로필을 채우고, 이직 의사가 있음을 밝히면, 관련해서 이직 혹은 업무 관련 자문과 같은 제안을 받을 수 있다. 또한 원하는 기업을 팔로우 해놓고 최신 정보를 받아볼 수 있다.

링크드인에 가입해서 가장 먼저 할 일은 프로필 완성도를 높이는 일이다. 회사와 업무 경력, 스킬을 채워 넣자. 진행했던 주요 프로젝트, 연구, 논문을 기록해서 전문성을 드러낼 수 있다. 사진은 되도록 비즈니스룩을 입거나 일하는 모습, 혹은 증명사진과 같이 신뢰를 주는 사진이 좋다. 여기에 '추천서' 추가 기능도 있다. 함께 일한 동료의 능력을 인정하는 의미로 추천서를 써주는 것이다. 어떤 업무를 함께했는지, 역량과 스킬은 어떠한지, 동료로서 장점은 무엇인지를 알려주며 그 사람의 신뢰도를 높여준다.

링크드인의 또 다른 장점은 이직을 준비할 때 그 기업의 정보를 얻기 유용하다는 점이다. 대부분 해당 기업 홈페이지 채용 정보나 기사 정보만 참고하는 경우가 일반적이다. 지인이 있지 않은 이상, 현직자가 구체적으로 어떤 일을 하는지는 알기 어렵다. 그런데 만약 링크드인에 해당 회사 직원이 업무 이력이나 프로필을 공개할 경우, 구체적으로 어떤 업무를 하는지, 주요 프로젝트는 무엇인지, 회사에서 어떤 표현을 주로 쓰는지를 참고할 수 있다. 이력서를 쓰거나 면접을 준비할 때 해당 회사의 직원을 링크드인에서 조회해 보자. 지원하려는 직무 분야의 직원을 찾는다면 더 없이 좋다. 현직자의 업무 내용을 보면서 유용한 팁을 얻을 수 있다.

• 인맥 관리 활용법

글로벌 사이트인 링크드인은 전 세계 가입자가 9억 명이 넘는다. 국내뿐 아니라 다양한 글로벌 필드의 전문가를 만날 수 있다. 글로벌한 인맥 형성이 목표거나, 해외 기업에도 관심이 있다면 프로필을 영어로 업데이트하는 방법을 추천한다. 링크드인은 1촌 맺기 기능이 있어서 전 직장 동료나 거래처에서 미팅으로 만난 파트너와도 인맥을 이어가는 용도로 활용할 수 있다.

또한 '커피챗Coffee Chat' 기능도 있다. 커피챗이란 업계나 회사 사람과 실제로 만나 커피를 함께 마시며 부담 없이 정보를 나누는 문화다. 팔로워와 만날 수 있는 커피챗 신청 링크를 추가할 수 있어, 공통 관심사나 전문가와 대면 만남까지도 성사될 수 있는 기회를 얻을 수 있다. 서구권 비즈니스에서는 일상적인 문화처럼 자리 잡았으며, 스타트업에서도 채용 전에 커피챗을 하는 경우가 종종 있다.

2. 노션Notion

문서 작성, 데이터베이스 관리, 협업 툴을 활용해 프로젝트 기록 및 관리가 가능한 서비스다. 다양한 포맷의 자료를 한곳에 정리하기에 최적화된 일종의 웹사이트라고 생각하면 된다. 특히 기획자, 프로젝트 매니저, 마케터, 디자이너, 크리에이터가 많이 사용하고, 업무 용도뿐 아니라 일상에서 스케줄러나 메모 아카이

빙 용도로 사용하기도 한다.

• 업무와 개인 용도 활용법

노션은 업무와 개인의 생산성, 두 가지를 모두 관리하기에 손색없는 도구다. 먼저, 업무에는 프로젝트 관리, 성과 기록, 팀 협업 도구로 사용할 수 있다. 또한, 개인의 생산성 관리에도 유용하다. 플래너, 일기, 습관 만들기, 할 일 목록, 가계부까지 광범위하게 활용할 수 있다. 이와 같이 자신이 관리할 프로젝트를 여러 개 생성할 수 있고, 프로젝트별 진척 사항을 한눈에 보기에도 편하다.

회원가입을 하면 옆의 이미지처럼 첫 화면이 뜬다.

사용법은 예시 화면처럼 초기에 안내가 되지만, 처음에는 다소 헷갈릴 수 있다. 또한 로그인 후 좌측에 기본 세팅된 메뉴를 모두 활용하기 어려울 수도 있다. 그럴 때는 차라리 기본 세팅되어 있는 메뉴를 지우고, 당장 필요한 템플릿만 추가하는 편이 낫다. 노션에서 자체적으로 혹은 사용자가 만들어서 공유하는 다양한 템플릿이 있다. 예를 들어, 독서 목록 템플릿을 쓴다고 해보자. 일자별로 읽은 책, 사진, 감상평, 메모를 남길 수 있다. 이 외에도 유용한 양식이 다양하게 있고, 무료 템플릿도 많으니 둘러보며 필요한 양식을 다운받아 써보자. 모바일 간 연동도 편리해서 PC에서 작업하고 휴대폰으로 확인하는 등 언제 어디서나 편리하게 사용 가능하다는 것도 장점이다.

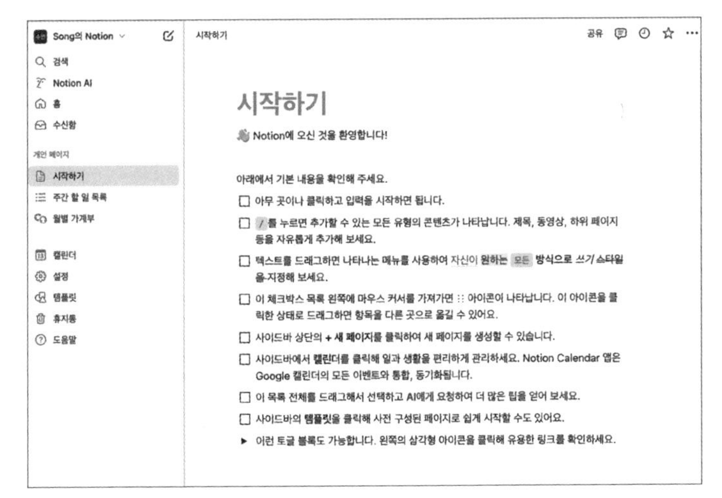

출처: 노션

• 협업 도구 활용법

협업 시 사용하기도 용이하다. 각자 내용을 편집하고 코멘트를 남길 수 있으며, 변경 내용이 실시간으로 다른 기기에서도 동기화된다. 여러 프로젝트를 동시에 진행할 때, 진행 상황을 한눈에 파악할 수 있는 대시보드도 만들 수 있다. 이러한 특징으로 팀 프로젝트처럼 협업 시 생산성과 효율성을 높이기 유용하다. 게다가 빈 캔버스에 내용을 더하며 브레인스토밍 하기 편리하다. 캔버스 페이지에 마인드맵과 같이 원하는 형태로 콘텐츠 추가도 가능하다. 회의 시간에 나온 의견이나 떠오르는 생각을 자유로운 형식으로 기록해 보자.

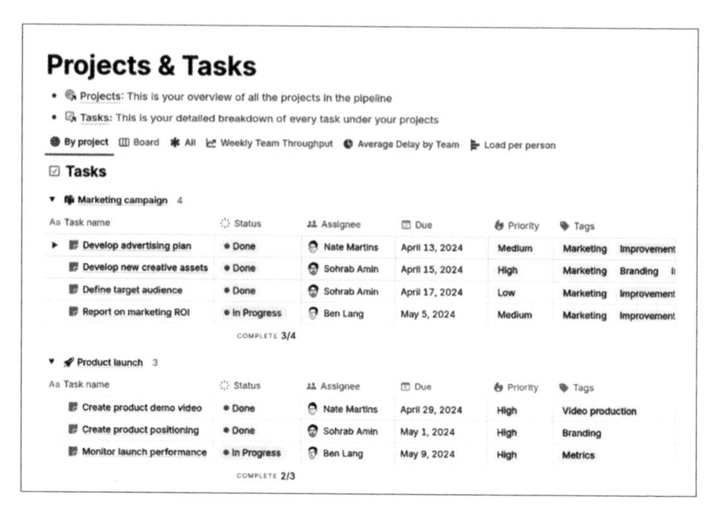

Projects & Tasks

- Projects: This is your overview of all the projects in the pipeline
- Tasks: This is your detailed breakdown of every task under your projects

By project | Board | All | Weekly Team Throughput | Average Delay by Team | Load per person

Tasks

▼ Marketing campaign 4

Task name	Status	Assignee	Due	Priority	Tags
▶ Develop advertising plan	Done	Nate Martins	April 13, 2024	Medium	Marketing Improvement
Develop new creative assets	Done	Sohrab Amin	April 15, 2024	High	Marketing Branding
Define target audience	Done	Sohrab Amin	April 17, 2024	Low	Marketing Improvement
Report on marketing ROI	In Progress	Ben Lang	May 5, 2024	Medium	Marketing Improvement
	COMPLETE 3/4				

▼ Product launch 3

Task name	Status	Assignee	Due	Priority	Tags
Create product demo video	Done	Nate Martins	April 29, 2024	High	Video production
Create product positioning	Done	Sohrab Amin	May 1, 2024	High	Branding
Monitor launch performance	In Progress	Ben Lang	May 9, 2024	High	Metrics
	COMPLETE 2/3				

출처: 노션

- 이력서 & 포트폴리오 활용법

경력과 업무 스킬을 증명하는 이력서나 포트폴리오로 유용하게 쓸 수 있다. 한 번 템플릿을 정해두면 업데이트하기 용이해서, 목적별 맞춤 포트폴리오를 비교적 쉽게 작성할 수 있다. 한 번 기본 포트폴리오 템플릿을 만들어놓으면, 필요할 때 이를 복사해서 제출하는 회사에 따라 맞춤형으로 쉽게 제작할 수 있다. 게다가 이모티콘이나 차트를 활용해 꾸미기 쉽고 임베드(다른 곳에 위치한 콘텐츠를 그대로 퍼오는) 기능이 있다. 구글 드라이브나 구글맵, 깃허브 등을 노션 안에 바로 연결되게 삽입할 수 있다. 이렇게 만든 이력서나 포트폴리오를 링크 하나로 공유할 수 있어서 편리하다. 다만 하드카피나 정해진 양식으로 문서 제출을 요구하는 곳에는 적합하지 않을 수 있다.

3. 깃허브GitHub

개발자의 코드 저장소이자 프로젝트를 관리하고 협업 생산성을 높이는 다목적 플랫폼이다. 주로 소프트웨어 개발자가 코드 리뷰, 협업 개발 프로젝트, 버그 추적을 위해 사용한다. 소프트웨어 개발자, 엔지니어, 데이터 사이언티스트 등 IT 업종 분야에서 주로 활용한다. 비개발 직군 직장인도 업무와 프로젝트 관리에 유용하게 활용할 수 있다.

• 비개발 직군을 위한 활용법

코드를 쓰지 않는 비개발 직군도 프로젝트 관리와 협업 도구로 사용할 수 있다. 또한, 프로젝트 설명서나 문서를 관리하는 데 쓰이기도 한다. 아이디어 스케치부터 제안서까지 공동 작업을 하기 좋다. 프로젝트 업데이트 내용을 버전별로 관리하면서, 각 버전의 변경 이력 추적이 가능하며, 모든 구성원이 동일한 정보를 확인할 수 있다.

• 개발 직군을 위한 활용법

여러 명이 같은 코드베이스에서 작업할 수 있다. 이슈 트래킹 기능으로 버그를 추적할 수 있다. 따라서 작업이 누락되지 않고 우선순위에 따라 관리할 수 있다. 또한 자동화 도구로도 활용이 가능해서 업무 효율을 높여준다. 깃허브 액션GitHub Actions을 사용해 바로 소프트웨어 개발 워크 플로를 자동화하고, 사용자 지정 및 실행이 가능하다. 노션과 마찬가지로 참여 프로젝트를 추가하고, 코드를 업로드해서 개인 포트폴리오 플랫폼으로 활용할 수도 있다.

Comon Kim, Software Engineer

Contacts

010-1234-5678 · youtube@codingmonster.tv · https://codingmonster.net

지원 직무

Junior Backend Engineer @ Chat Server Team

보유 역량 요약

Backend Engineering

- 6개의 개인, 협업 프로젝트 개발 경험
- Spring framework, JPA or Query 기반으로 간단한 Backend API 서버 자체 개발 가능
- SFTP를 통한 수동 배포 방식에서 Jenkins의 Git Branch 연동을 이용한 자동화 배포 전환 경험
- 자체 IDC, NCP, AWS 서비스 배포 작업 경험 (EC2)
- Docker Registry를 통한 Image 관리 및 Docker, Docker-Compose를 통한 서버 배포 경험

Software Development

- Junit, Mockito, Jmeter 등을 이용한 테스트 수행 경험
- TestContainers를 통한 통합 테스트 환경 구성 및 수행 경험
- Swagger (OAS 3), Rest Docs를 이용한 API 문서화 경험

Machine Learning Engineering

- ABC 부트캠프 6개월 과정 수료 및 팀 프로젝트를 통한 머신러닝 엔지니어링에 대한 기초적인 이해 보유 [링크]
- FastAPI + RabbitMQ를 사용한 머신러닝 인퍼런스 서버 개발 토이프로젝트 경험 [Github 링크]
- Tensorflow를 통해서 포스트[링크]를 참고해서 Resnet직접 구현해봄

Careers

코몬소프트 / Junior Backend Engineer @ AIPlatform Team (2021.08 ~ 현재)

파일럿 프로젝트 진행 (3주간 진행)

- 1150만건의 테스트 데이터를 기반으로 페이징 API 성능 테스트,
  조회 시간을 줄이기 위한 인덱스 생성 및 튜닝, Redis를 활용한 카운트 캐싱 적용
- Unit Test, Integration Test, Performance Test(Jmeter) 진행

메신저 챗봇 개발

- Oauth 2.0 Password Grant-type 형식을 만족하는 자체 인증 서버 구현

메신저, 모니터링 서버 QA 대응, 배포 및 운영

- Gitlab-CI를 통한 Build 및 Docker, Docker-Compose를 통한 Deploy 경험
- Prometheus 로 Metric 수집 및 적재, Grafana Dashboard, Provisioning 경험

출처: GitHub

논리력이라는 지적 재산

글을 쓰며 생각을 정리하면 논리력을 키울 수 있다. 논리력이란 '자신의 생각이나 추론 등을 이치에 맞게 말이나 글로 표현하는 능력'을 의미한다. 사실 논리력을 키우는 좋은 방법은 책을 많이 읽는 것이다. 책을 읽다 보면 자연스럽게 논리의 흐름을 읽어내는 힘이 생긴다. 좋은 책은 마음을 채우고 생각의 깊이를 더해준다. 예를 들어, 추리 소설을 읽을 때, 독자는 주인공이 사건을 해결해 가는 과정을 따라가며 사건의 단서를 연결하고, 논리적인 결론을 도출하는 과정을 자연스럽게 경험하게 된다. 추리 소설에서 단서를 하나하나 찾아가는 과정은 퍼즐을 맞추는 것과 같아서, 독자의 사고력과 논리력을 동시에 자극한다.

역사 서적은 어떨까? 역사는 단순한 사실의 나열이 아니라, 사건의 인과관계를 파악하는 과정이다. 특정 사건이 왜 일어났는지, 그 결과가 어떻게 이어지는지 분석하면서 자연스럽게 논리적 사고 훈련을 하게 된다.

이처럼 독서는 단순한 즐거움을 넘어서, 다양한 상황을 분석하고 논리력을 향상시키는 연습을 도와준다. 한 권의 책을 읽으면서도 우리는 여러 관점에서 생각하고, 이를 통해 점점 더 명확하고 깊이 있는 사고를 할 수 있다. 하지만 단순히 읽는 것만으로는 한계가 있다. 글쓰기가 동반되어야 기존의 논리력에서 한층 더 깊은 수준으로 발전할 수 있다.

마치 학생이 수업을 듣기만 하고 복습을 하지 않으면 성적을 올리기 어렵다는 이야기에 비유할 수 있다. 책을 읽기만 하는 것은 마치 수업을 듣기만 하는 셈이다. 수업 내용을 내 지식으로 만들기 위해 복습하듯, 책을 읽은 뒤 글쓰기로 생각을 정리하는 과정이 필요하다. 문제를 풀고 오답 풀이를 하듯 글쓰기를 해야 비로소 자신에게 지식이 남는다.

논리력의 정의를 다시 보자. '말이나 글로 표현하는 능력'이다. 단순히 읽는 것에 그치지 않고, 말이나 글로 표현할 수 있어야 논리력을 가졌다고 할 수 있다. 논리력을 키우고 싶다면 어느 한 가지에만 집중해서는 안 된다. 책 읽기와 글쓰기는 함께 가야 한다. 책을 많이 읽다 보면 자연스럽게 자신의 생각이나 추론이 생기고, 이 생각을 논리에 맞게 표현하면 된다. 글을 쓰면서 한 번 생각하고, 읽어보며 두 번 생각하고, 다듬으면서 세 번 생각할 수 있다. 신기하게도 자신이 쓴 글조차 읽을 때마다 새로운 부분이 보인다. 그래서 대부분 글은 여러 번 다듬을수록 더 좋은 글이 된다. 이 모든 과정에서 많이 읽고 쓰면서 논리력을 키울 수 있다.

그렇다면 논리력은 왜 필요할까? 타인과 소통하고 설득하는 데 가장 필요한 능력이기 때문이다. 논리정연한 말과 글은 사람들을 설득하기 쉽다. 원하는 바를 얻어내기 위해서는 다른 사람을 내 편으로 만들어야 한다. 내 편으로 만드는 첫걸음은 상대가 나를 믿고, 내 생각에 동의하게 만드는 일이다. 앞뒤가 맞지 않는 말로는 상대의 신뢰를 얻을 수 없다. 타인의 신뢰를 얻고 그를 설득해 내 편으로 만들면, 인간관계를 원만하게 유지할 수 있다. 이를 통해 관계를 확장하고 영향력을 키울 수 있다.

게다가 글쓰기는 무자본으로 도전할 수 있다. 돈이 없어도 누구나 시작할 수 있다. 종이와 펜만 있으면 된다. 휴대폰을 켜서 메모장에 글을 써도 된다. 당장 큰 성과가 없더라도 손해 볼 일은 없다. 비용을 들여 시작한 것도 아니기 때문이다. 잃을 게 없는 도전이고, 얻을 것만 있다. 당장 눈에 띄는 성과가 없어도 꾸준히 쓰다 보면 그것이 재산이 된다. 오늘부터 지금하듯 글쓰기라는 재산을 차곡차곡 모으기 바란다.

03 승진과 글쓰기가 연관이 있을까

승진에 글쓰기가 미치는 영향

승진에 초연할 수 있는 직장인이 있을까? 많은 직장인이 승진을 원한다. 승진은 직장에서 인정받는다는 눈에 보이는 증거다. 물론 요즘은 일부러 직급을 드러내지 않는 기업도 많다. 게다가 호칭을 이름이나 '님', '프로님' 등으로 일원화하는 문화가 생기면서 더욱 직급을 알기 어려워졌다. 그럼에도 불구하고 많은 사람은 진급하기 위해 노력한다. 이는 곧 개인의 성취감은 물론 연봉과도 직결되는 문제이기 때문이다.

과연 글쓰기를 잘하면 승진에 도움이 될까? 결론부터 말하면 그렇다. 글쓰기는 승진에 영향을 줄 수 있는데, 크게 두 가지로 나눌 수 있다. 첫째, 승진에 간접적인 영향을 주는 글쓰기다. 업무 문서를 훌륭하게 작성해서 일 잘하는 사람으로 인정받는 경우다. 글은 일 잘하는 사람으로 인정받기 가장 효과적인 수단 중 하나다. 인사 관리 문서를 체계적으로 정리하는 인사 담당자, 카피 문구를 기가 막히게 쓰는 마케터, 기술 문서를 일목요연하게 작성하는 엔지니어. 이들은 일을 잘한다고 인정받을 확률이 높다.

예를 들어, 어떤 엔지니어가 복잡한 기술 문제와 연관된 프로젝트를 수행했다고 하자. 만약 이를 문서로 기록하고 공유하지 않았다면, 그 성과는 팀 내에서만 묻힐 수도 있다.

반면, 그 문제 해결 과정을 상세하게 문서로 남겨 상사와 유관 부서에게 공유하면 어떨까? 문서가 있으면 성과를 더 널리 공유할 수 있다. 팀 내에서 뿐 아니라 다른 부서까지 범위를 넓혀 공유하기 쉽다. 자료를 체계적으로 잘 작성했다면 더욱 많은 사람에게 공유할 수 있다. 그 엔지니어는 성과를 기록으로 확실하게 남기게 된 것이다. 즉, 좋은 고과를 받을 만한 증거를 만들 수 있다.

평가에 영향을 미치는 자기평가서

다음은 승진에 직접적인 영향을 주는 글쓰기다. 대표적으로 승진에 직접적인 영향을 줄 수 있는 자기평가서를 알아보자. 자기평가는 자신의 성과를 객관적으로 증명하고, 평가자에게 자신의 가치를 설득하는 과정이다. 스스로의 가치, 역량, 성과 등을 구체적으로 드러내야 한다. 이 방법은 구글, 아마존, 마이크로소프트 등 주요 글로벌 기업에서 평가 도구 중 하나로 활용하고 있다. 뿐만 아니라 우리나라의 대표적인 대기업 삼성, 현대, SK그룹 등도 자기평가를 활용하고 있으며, 작은 규모의 기업도 이를 요구하는 경우가 많다. 설령 자기평가 제도를 도입하지 않은 직장에도 이와 유사한 과정이 있다. 따져보면 진급 전 상사와의 면담도 자기평가가 될 수 있다. 평가 시기 중 점심시간에 상사의 "요즘 일은 어떤가?"라는 물음에 대답도 일종의 자기평가가 될 수 있다.

물론 자기평가가 진급에 큰 영향을 주는지는 의문을 가질 수 있다. '평소 성과를 잘 내면 굳이 잘 쓰지 않아도 되지 않나?'처럼 말이다. 좋은 지적이다. 우리는 자기평가서를 잘 써야 하지만, 여기에는 '평소에 일을 성실히, 잘했다'는 전제가 필요하다. 기본적으로 평소에는 맡은 바 최선을 다하도록 하자. 그 이후에 성과를 어필할 수 있는 자격이 주어진다는 사실을 잊지 말자.

현명하게 자기평가서를 어필하는 법

성실하게 일한 당신은 이제 자기평가서 작성을 앞두고 있다. 비슷한 성과를 냈더라도 자기평가서를 어떻게 작성하느냐에 따라 평가가 달라질 수 있다. 어떤 내용을 담았는지, 어떤 단어를 선택했는지, 순서를 어떻게 배치했는지. 이러한 디테일이 큰 차이를 만들 수 있다.

첫째, 연초 목표 수립부터가 시작이다

일반적으로 연초에 업무 목표를 세운다. 이 목표를 잘 세우는 일부터가 평가의 시작이다. 회사의 전략과 관계없이 자신이 생각하는 방향으로 목표를 세워서는 안 된다. 정작 상사는 중요하게 생각하지 않는 업무만 열심히 해서는 좋은 평가를 받기 어렵다. 그다음 목표를 수립할 때는 시야를 넓게 볼수록 좋다. 가장 먼저, 직속 상사를 보자. 상사가 중시하는 업무나 목표를 생각하자. 그리고 상사의 상사를 보자.

예를 들면, 내 평가자인 팀장의 상사인 사업부장을 떠올려본다. 그가 어떤 업무를 중요시하고 있는지 생각하자. 마지막으로 우리 회사가 최근 어떤 목표와 전략을 갖고 있는지 생각해 보자. 이 세 가지는 모두 이어진다. 상사는 그의 상사를 바라보고, 그의 상사는 경영진(회사의 전략)을 바라보기 마련이다. 어렵지만 이렇게 숲을 보는 과정은 업무 목표 수립에 도움이 된다. 한마디로 나의 목표는 상사 그리고 회사와 같은 방향을 바라보고 있어야 한다. 이렇게 세운 목표를 1년 동안 지켜나가자. 중간에 상사와 방향성을 맞추는 과정도 필요하다. 연말 평가 시즌이 되어서 돌아보기엔 늦다. 중간에 어려움이 있다면, 상급자와 상의하고 조정해 나가자.

둘째, 메모를 하고 성과와 보완점을 적어보자

먼저 자신의 성과를 객관적으로 돌아보자. 직장인 10명 중 9명은 자신이 상위 고과를 받을 자격이 있다고 믿을 것이다. 그 자신감은 잠시 접어두고, 그 전에 성과를 솔직하고 객관적으로 적어보자. 지나친 자신감도, 지나친 겸손함도 독이다. 잘한 점과 반성할 점을 나열해 보자. 대부분의 경우, 자신의 성과를 바로 떠올리기는 쉽지 않다.

평소에 업무 기록을 해야 할 이유가 여기 있다. 그때그때 수행업무와 성과를 포함한 업무 일지를 쓰자. 그날그날 잘한 점, 보완이 필요한 점, 성과, 느낀 점 등을 간략히 적어두자. 추후 자기평가서 작성에 유용하게 쓰인다. (이 업무 일지는 중요한 내용이라, 3부에서 더 자세히 다룰 예정이다.)

연중에 업무 목표 중간 점검 등으로 부서장과 면담을 하는 경우, 나는 해당 내용을 모두 기록해 두었다. 칭찬이나 보완이 필요한 점, 사소한 내용도 메모해 두었다. 자신의 기억력을 과신하지 말자. 가끔 이전에 쓴 메모를 보면, '상사가 이런 말을 했었나?' 싶은 내용이 있다. 그만큼 메모하지 않은 사실은 빠르게 휘발된다. 기록이 중요한 이유다. 특히 보완이 필요한 점은 개선 여부를 주기적으로 체크하자. 메모는 자신의 부족한 점을 채울 수 있도록 도와준다.

셋째, 성과를 구체적으로 드러내자

성과를 객관적으로 돌아봤다면, 이제 효과적으로 표현하는 방법을 살펴보자. 가장 효과적인 방법은 구체성을 갖추는 일이다. 회사에서 첫 자기평가를 작성했을 때였다. 당시 자기평가가 처음이었던 나는 주요 업무를 '글로벌 고객 매출 관리'로 작성했다. 내가 하던 일을 10자도 안 되게 축소해서 표현했다. 당시 파트장님이 따끔하게 조언을 해주셨다.

"벌써부터 모호하고 진부한 표현을 쓰면 어떻게 해. 최대한 구체적으로 이야기해야 해. 회사에서 구체성을 갖지 않으면 남들과 차별성을 갖기 어려워. 기억해."

'글로벌 고객 매출 관리'보다는 '글로벌 14개국 고객 관리 KPI 수립 & 고객별 매출 월별 모니터링'이 낫다. 내가 한 일을 있어 보이게 포장해도 모자란데, 나의 성과를 뭉뚱그려 말하지 말자. 가능하다면 정량적으로 드러내야 한다. '매출 성장'보다 '전년비 매출 120% 성장'으로 작성하는 게 효과적이다. 만약 정량적인 성과로 드러내기 어렵다면, 정성적으로 드러내도 된다. 상황, 액션, 결과를 제시하자.

- 무슨 문제가 있는 상황에서
- 어떤 방법으로 문제를 해결했고
- 그 결과 어느 부분이 개선되었는지

결과를 수치로 나타내기 어렵다면 동료, 고객의 긍정적인 피드백을 적어도 좋다. 이 과정에서 자신의 소프트 스킬(수치화하기 어려운 리더십, 소통 능력 등)이 어떻게 문제 해결에 기여했는지 강조하자.

넷째, 상사의 피드백에 피드백하자

상사의 피드백을 기억하고 반영하는 습관은 중요하다. 앞서 말했듯이 나는 부서장 면담에서 들은 피드백을 모두 기록했다. 이를 단순히 기록하는 단계에서 그치지 말고 액션을 취해야 한다. 예를 들어, 칭찬을 들었다고 하자. 그 부분은 상사가 인정하는 나의 강점이다. 강점을 살리는 건 약점을 보완하는 것 이상으로 중요하다. 강점은 상사에게 나라는 사람을 좋게 각인시키는 키워드이기 때문이다. 가령 "김 대리는 고객들에게 친절해서 좋아"라는 칭찬을 들었다면, 앞으로도 그 장점을 강화해서 드러내자. 관련된 근거 데이터를 만드는 방법도 있다. '고객 만족 점수가 팀에서 가장 높다'와 같이 근거가 있다면 활용하자.

반대로 부정적인 피드백을 받았다면 어떻게 보완할 수 있는지 반드시 고민하자. "김 대리는 다 좋은데 외국어가 좀 부족해서 아쉽네"라는 말을 들었다면, 자신의 약점인 외국어 실력을 보완하기 위해 외국어 교육을 이수하거나 어학 점수를 올려 그 결과를 작성해 보자. 사소한 피드백까지 기억하고 보완하는 직원을 싫어할 상사는 없다.

그렇지만 성과를 스스로 드러내는 자체가 익숙하지 않은 사람도 있다. 생각보다 많은 사람이 직장에서 성과 드러내기를 겸연쩍어 한다. 심지어 자기평가를 할 때도 겸손해야 한다고 믿는다. 자신이 맡은 프로젝트의 성과는 명확히 전달해야 한다. 단순히 성과만 냈다고 상사는 알아주지 않는다. 당신의 모든 성과에 먼저 나서서 관심을 갖지 않는다. 그러니 틈틈이 자신의 업무를 어떻게 처리했는지, 어떤 성과를 냈는지 기록하고 어필해야 한다. 평가 시기에 닥쳐서 하는 건 쉽지 않다. 자신의 기억력을 믿지 말자. 자신의 가치는 스스로 증명해야 한다. 남이 먼저 알아주기를 바라고 마냥 기다리지 말자.

아직도 겸손이 미덕이라고 생각하는가? 겸손은 예의 바른 태도와 말투로 충분히 실천할 수 있다. 당신의 목표가 직장에서 인정받고 승진하는 일이라면, 성과를 당당히 드러내자. 물론 자신이 한 일 그 이상의 보상을 받으려고 하지는 말아야 한다. 그저 자신이 낸 성과가 있다면, 효율적으로 표현해야 한다는 이야기다.

묵묵히 그리고 조용히 일한다고 당신을 알아봐주길 바라지 말자. 상사가 내가 무슨 일을 하는지 자세히 모른다고 가정하고 자기평가 초안을 작성하자. 상사는 자신과 밀접하게 일하는 직원이 아니면 각 사원들이 무슨 일을 어떻게 열심히 하는지 잘 모른다. 그러니 묵묵히 일하고 나를 알아봐주길 바라지 말자. 나는 신입사원 시절 팀장님과의 면담에서 "팀장님은 제가 개선했으면 하는 점이 있나요?"라고 질문을 한 적이 있다. 그때 팀장님의 말이 아직도 생생하다. "사실 나는 네가 업무를 어떻게 하는지 상세히 알진 못해. 너와 같이 일하는 팀원들이 너를 더 잘 알겠지." 그때 솔직한 상사의 말에 충격을 받았지만 이게 현실이다. 모든 상사가 그렇지는 않겠지만, 많은 팀원을 거느린 상사는 각각 팀원이 어떻게 일하는지 잘 모를 수 있다. 자기 어필이 필요한 이유다.

그런데 근거 없이 말로만 어필을 할 수는 없다. 뒷받침할 구체적인 근거 자료가 있어야 한다. 예를 들면 중요한 프로젝트를 할 땐 상사를 메일 참조에 포함하자. 나 또한 그 면담 이후로 상사에게 중요한 일의 진행 상황과 성과를 알리기 시작했다. 무엇보다 상사가 궁금해 하는 사안은 더 빠르게 피드백했다. 담당 업무에 상사가 의문을 품었을 때, 상사의 의문을 듣고 끝내는 게 아니라 자료를 찾아보고 문서화해서 나의 의견을 전달했다. 자기 말을 듣고 피드백이 없는 직원과 지나가는 피드백도 귀담아듣고 문서화해서 보고하는 직원이 있다고 하자. 당신이 평가자라면 어떤 사람에게 좋은 평가를 주겠는가. 답은 정해져 있다.

04 글 잘 쓰는 직장인은 매력적이다

맞춤법 때문에 이별도 결심한다

'힘들면 시험시험하라고요?'

'정말 골이 따분한 성격이시네요'

'저한테 일해라 절해라 하지 마세요.'

인터넷에 피진 틀린 맞춤법의 예나. 이 맞춤법들을 보고 있자니 '이래라 저래라' 하고 싶어지는 마음을 눌러본다. 이렇게 틀린 맞춤법이 인터넷에 유머로 돌아다닌다는 사실은 그만큼 맞춤법에 예민한 사람이 많다는 뜻이기도 하다.

누군가는 맞춤법으로 이별을 결심할 정도로 결코 무시할 수 없는 맞춤법. 실제로 인터넷에 '맞춤법 이별'을 검색해 보면 연인이 맞춤법을 자주 틀려서 이별을 고민한다거나, 헤어졌다는 웃지 못할 사연도 있다.

한 결혼정보회사에서 '연인 사이 지켜야 할 연애 매너'라는 주제의 설문을 진행했다. 그중 '연인에게 가장 정떨어지는 순간'이라는 질문에 대한 답이 인상적이다. 1위인 '약속을 지키지 않았을 때' 다음으로 2위를 차지한 답이 '반복적으로 맞춤법을 틀릴 때'였다. 특히 '연인이 사용한 최악의 맞춤법'으로는 '되'와 '돼'의 구분부터 '않되', '않이', '빨리 낳아' 등이 있었고, 단어는 '연애인', '예기', '설겆이' 등이 있었다.

누군가는 너무 엄격한 것 아니냐고 반문할 수 있지만, 다른 누군가에게 맞춤법은 호감을 떨어뜨리는 역할을 한다. 물론 맞춤법을 다 맞춰서 글을 쓰는 건 결코 쉽지 않다. 한국인이라도 맞춤법을 틀리는 경우가 허다하다. 그럼에도 기본적인 맞춤법을 계속 틀리면 그 사람은 신뢰도나 매력이 떨어질 수 있다.

이처럼 맞춤법으로 이별을 하는 경우도 있는데, 잘 쓴 글로 누군가의 마음을 움직이는 것도 충분히 가능한 이야기 아닐까. 맞춤법을 지키며 글을 잘 쓰는 사람은 매력적이다. 나는 유튜버이자 배우이며 작가인 문상훈을 좋아한다. 사실 그의 유튜브 채널을 볼 때는 재밌다는 생각만 했다. 콘텐츠에서 재미를 느꼈지만 어떤 사람인지는 크게 궁금하지 않았다. 그러다 그의 에세이 책《내가 한 말을 내가 오해하지 않기로 함》을 읽고 생각이 바뀌었다.

"속상하면 속상하다고, 내가 질투가 났다고, 미안하다고 내가 부족했다고 말할 줄 아는 사람은 언제나 소년이다. 나는 매일 미숙하고 질투해서 오늘도 미안하다고 말할 수 있는 가장 어린 시절의 소년으로 오래도록 남고 싶다."

그의 글을 읽는 동안 마치 소설을 읽는 것처럼 머릿속에 장면이 그려졌다. 그는 누구나 한 번은 느껴봤을 감정과 생각을 멋지게 글로 표현하는 사람이었다. 평소 장난스러운 이미지의 콘텐츠 속 모습만 보다가, 그가 쓴 글을 읽었을 때 이 사람 멋지다는 생각을 했다. 이후로 문상훈은 내게 유튜버가 아닌 작가로 남았다. 이렇게 글쓰기는 누군가를 끌어들이는 매력 요소로 작용하기도 한다.

글 잘 쓰는 직장인은 왜 매력적인가

신뢰도가 생명인 비즈니스 거래 관계에서도 마찬가지로, 많은 의사소통을 문서로 하는 직장인은 회사에서 더욱 맞춤법을 잘 지켜야 한다. 예전에 한 선배가 팀장님에게 올리는 보고서에 치명적인 맞춤법 실수를 한 적이 있었다. 고객사의 '애로 사항'을 해결한다는 걸 실수로 '에로 사항'이라고 적은 것이다.

- 애로隘路: 어떤 일을 하는 데 장애가 되는 것
- 에로erotic: 성적인 자극이 있는 것

이를 본 팀장님이 엄숙한 분위기에서 "이 에로가 아니지 않나?"라고 했던 그 순간이 아직도 생생하다. 상사에게 보고하는 문서에 틀린 맞춤법과 오타로 얼굴 붉힐 일은 만들지 않는 게 좋다.

글 잘 쓰는 직장인은 매력적이다. 상사나 동료의 신뢰를 얻는 데 유리하다는 뜻이다. 자신의 전문성과 업무 능력, 지적인 매력을 동시에 보여줄 수 있기 때문이다. 그렇다면 그 매력이 직장 생활에 어떤 영향을 미치는지 살펴보자.

첫째, 직장 내 관계를 원활하게 한다

글 잘 쓰는 직장인은 의사소통을 효과적으로 할 수 있다. 상대방이 이해하기 쉽고, 명확한 글을 쓴다. 이는 오해를 줄이고 업무의 효율성을 높인다. 특히 업무 커뮤니케이션을 하면서, 문장 하나로 상대방에게 신뢰와 호감을 줄 수도 있다. 이를 통해 상호 간 협업도 더 원활하게 이루어진다. 특히 복잡한 업무를 진행할 때, 정확한 문서 작업은 팀원들이 동일한 목표를 향해가도록 도와준다.

둘째, 신뢰를 쌓는 데 중요한 역할을 한다

맞춤법이나 문법 실수 없이 잘 쓴 글은 그 사람이 세심하고 꼼꼼하다는 인상을 준다. 대체로 이렇게 문서를 꼼꼼히 쓰는 사람은 업무에서도 실수가 적다. 꼼꼼한 사람은 신중하다는 인상을 주기 때문이다. 상사나 동료에게 '믿고 맡길 수 있는 사람'이라는 평가를 받을 수 있다. 반대로 지나치게 오타를 많이 낸다거나 기본적인 맞춤법 실수는 신뢰를 떨어뜨리기 쉬우니 유의하자.

셋째, 글쓰기 역량 자체가 직장인의 경쟁력이 될 수 있다

오늘날 직장인은 단순히 직무 역량만 있다고 해서 경쟁력을 갖췄다고 하기 어렵다. 정보를 전달하고, 원활한 의사소통으로 관계를 구축할 수 있는 소프트 스킬도 중요하다. 글쓰기는 직장인 소프트 스킬의 핵심이다. 이를 활용해서 다방면에 자신의 역량을 더 빛나게 할 수 있다. 따라서 조직 내 영향력을 키워나갈 수 있는 경쟁력을 갖게 된다.

직장이 아닌 사업을 하더라도 마찬가지다. 사업도 사람의 마음을 움직여야 한다. 자신의 제품이나 서비스를 홍보하려면 카피라이팅과 같은 마케팅 글쓰기가 필요하다. 좋은 글은 고객의 마음을 움직이고, 상품의 가치를 극대화한다. 홈페이지에 글을 잘 써서 고객이 더 쉽게 이해하고 신뢰할 수 있는 브랜드 이미지를 구축할 수 있다. 이처럼 글을 잘 쓰면 사람의 마음을 움직일 수 있다. 돈을 끌어당기는 일은 사람의 마음을 끌어당기는 일에서 시작한다. 이를 위해 글쓰기는 분명 핵심 수단이다.

좋아하는 사람의 호감을 사고 싶다면, 유능하고 매력 있는 직장인이 되고 싶다면, 사업으로 사람의 마음과 돈을 끌어당기고 싶다면, 글쓰기를 연습하자. 누군가 당신의 글을 읽고 당신의 매력을 알게 될지 모른다. 잘 쓴 글로 당신을 다시 보게 하자.

05

글쓰기는 스트레스도 치유한다

직장 내 스트레스를 치유하는 글쓰기

우리는 스트레스로부터 자유로울 수 없다. 특히 요즘 직장인이 겪는 스트레스는 가볍지 않다. 갤럽의 '세계 직장 현황 보고서'에서 지난해 절반에 가까운 전 세계 직장인이 '(전날) 많은 스트레스를 겪었다'라고 답했다. 특히 한국 직장인이 느끼는 직무 스트레스는 OECD 국가들 중 1위를 차지한 적도 있다. 일과 삶의 균형을 찾지 못하고, 업무에 압박감과 불안을 느끼는 직장인이 많다. 특히 '번아웃'이라는 단어가 보편화될 만큼 많은 직장인이 과도하게 신체적, 정신적으로 지쳐 있다. 이러한 스트레스는 육체

건강뿐 아니라 정신 건강에도 심각한 악영향을 미친다. 그렇기 때문에 스트레스를 해소하고 치유하는 방법을 찾아야 한다.

당신은 스트레스를 어떻게 해소하고 있는가? 이번에는 글쓰기의 치유 효과를 이야기해 보겠다. 글쓰기 그 자체로 치유의 효과가 있다는 사실은 밝혀진 지 오래다. 미국 듀크 통합의학센터 올리버 글라스 교수팀은 심각한 트라우마를 가진 환자를 대상으로 6주간 그들에게 표현을 위한 글쓰기 과정을 받게 하는 실험을 진행했다. 그 결과, 모든 참가자가 지각 스트레스 감소, 우울증 증상 감소, 반추 점수 감소를 경험했다. 이처럼 글쓰기는 단순한 스트레스 해소를 넘어 슬픔이나 분노 같은 심리적 회복에도 도움을 준다.

플라톤, 세네카 등 수많은 철학자나 문인들이 글을 쓰며 위안을 받았다는 이야기도 있다. 실제로 '문학 치료'라는 개념도 있다. 마치 약을 처방해 주듯 상황에 따라 치료사가 다양한 문학 작품을 선정하고, 치료받는 사람은 책을 읽으며 자신과 비슷한 처지의 등장인물과 마주하며 위안을 얻는다. 또한 작품을 읽고 떠오르는 감정을 자유롭게 글로 표현하게 한다. 이 과정에서 자아 성찰을 할 수 있고, 감정을 객관적으로 볼 수 있다. 감정을 글로 표현하면 감정이 더욱 명확해지면서 정리된다. 글쓰기로 얻는 일종의 '배출 효과'로 불안정한 심리가 치유되는 것이다. 우리나라에서는 다소 생소하지만, 미국에서는 200여 년 전부터 정신 질환 치료의 보조 수단으로 활용하고 있다.

시간과 공간을 초월한 말 걸기

누구에게나 저마다의 고충이 있다. 나는 누군가에게 말해도 풀리지 않을 것 같은 일도, 글로 쓰면 신기하게 마음의 응어리가 조금씩 풀리는 느낌을 받을 수 있었다. 하지만 스스로 글을 쓰면서도 그 이유를 명확히 알지 못했다. 그러던 어느 날 우연히 알랭드 보통의《젊은 베르테르의 기쁨》에서 그 답을 찾았다.

프랑스 철학자인 몽테뉴는 그와 깊은 우정을 나눴던 라 보에티가 죽고 난 후 아주 오랜 시간 깊은 슬픔에 빠졌다. 그 후 다시는 누군가와 그런 우정을 나누지 못했다. 그는 대신 그의 저서《수상록》에서 라 보에티가 인정해 주었던 자신의 진정한 모습을 창조해냈다.

"그의 책은 특별히 누군가를 향한 것이 아니라 모든 사람을 향한 말 걸기였다. 그는 서점을 찾은 이방인들에게 자신의 가장 내밀한 자아를 표현하는 행위의 역설을 잘 알고 있었다."

글을 쓰는 건 누군가를 향해 말을 거는 행위와도 같다. 답답한 자신의 심정을 글로 표현함으로써 털어놓을 수 있다. 마치 누군가에게 고충을 토로하는 행위와 같다. 이야기를 들어주는 상대방은 나의 말을 끊지 않는다. 평가하지도 않는다. 누군가에게 발설하지도 않는다. 그저 말하는 대로 들어줄 뿐이다. 무슨 말을 해도 옳고 그름의 판단 없이 내가 힘들 때는 새벽이든 아침이든 밤중이든 언제든 우직하게 듣는 친구와 같다. 글을 쓴다는 건 그런 멋진 친구를 둔 셈이다.

글은 상황이나 마음이 힘들 때 더욱 빛을 발한다. 특히 외로울 때는 글쓰기가 더욱 치유의 효과가 있다. 소중한 관계를 잃어서 말할 곳이 없을 때도 글을 써보자. 생각해 보면 나 역시 말할 상대를 잃었을 때 글을 더 많이 쓰곤 했다. 입 밖으로 표현하던 말이 갈 곳을 잃어서였을지도 모른다. 대신 글로 말을 건넸다. 누군가에게 직접 전할 수 없는 말을 써보기도 하고, 스스로에게 말을 걸어보기도 했다. 때로는 다시는 만날 수 없는 사람에게 편지를 쓰기도 했다. 오히려 힘든 시기일수록 글을 많이 썼다. 그러다 보니 '글을 쓰려면 나를 궁지로 몰아야 하나?' 하는 생각까지 들었다. 물론 글을 쓰기 위해 일부러 궁지로 몰 필요는 없지만, 많은 예술가와 창작가가 왜 고통스러운 상황에서 작품이 탄생하는지 조금은 이해가 갔다. 이처럼 힘들 때는 글을 쓰면서 치유할 수 있다는 걸 알게 됐다.

앞서 이야기했던 《젊은 베르테르의 기쁨》의 구절로 다시 돌아가 보자.

"우리는 이런 역설에 감사해야 한다. 저자들이 말을 걸 사람들을 발견하지 못한 까닭에 써진 책들의 수를 감안하면 서점이야말로 그런 외로운 사람들에게는 가장 값진 목적지가 아닐까."

몽테뉴도 개인적인 고독감을 덜기 위해서 글을 쓰기 시작했는지도 모른다. 결과적으로 그의 책은 수백 년이 지난 지금도 남아 누군가에게 깊은 울림을 준다. 외로웠던 시절의 그들 덕분에 수많은 훌륭한 글과 책이 탄생한 것이다.

이 외에도 수많은 작가 역시 글쓰기를 통해 위안을 얻었다고 밝혔다. 실제로 평범한 직장인이 사회생활을 하며 쌓인 스트레스를 해소하기 위해 시를 썼다는 인터뷰를 본 적이 있다. 그는 스스로를 치유하는 방법으로 글쓰기를 택했고, 그렇게 시집을 3권 출간한 작가가 됐다고 했다. 이 인터뷰 글은 많은 사람에게 공감과 위로를 줬다. 이처럼 글쓰기는 외로움으로부터 탄생하기도 하고, 또 다른 외로운 사람에게 위로가 되어주기도 한다. 결국 나를 치유하기 위해 쓴 글이 타인을 치유한다. '시간과 공간을 초월한 말 걸기'인 셈이다. 수백 년 전의 글도 지금까지 남아 독자에게 말을 걸어 울림을 주는 것처럼 말이다.

나도 같은 이유로 계속 독자에게 말을 걸 것이다. 그 말이 필요한 누군가에게 전해지기를 바라기 때문이다. 이것만으로도 앞으로 계속 글을 써야 할 이유는 충분하다. 당신도 치유가 필요할 때, 외로울 때, 불안할 때 글을 써보자. 당신에게도 글쓰기가 친한 친구, 좋은 대화 상대가 되어 치유받길 바란다.

06 중요한 일 vs 급한 일

당신은 정말 바쁜 사람인가

앞에서 직장인에게 글쓰기가 왜 중요한지 살펴봤다. 그런데 사실 대다수의 직장인은 글쓰기의 중요성을 알면서도 실천하지 못한다. 가장 큰 이유는 '바빠서'다. 늘 바쁜 일에 쫓기며 막상 중요한 일은 못하고 있지는 않는가? '운동을 할 시간이 없어'라든지 '책을 읽기에는 너무 바빠'라는 말을 해본 적이 있는가? 늘 시간에 쫓기는 기분이 든다면, 우선순위 관리를 제대로 못하고 있을 확률이 높다.

모든 일에는 우선순위가 중요하다. 어떤 일을 우선으로 해야 할지를 알아야 효율적으로 처리할 수 있다. 개개인의 생활 방식이나 가치관에 따라 우선순위는 다를 수 있다. 따라서 자신만의 기준을 세우는 것이 중요하다.

그럼, 우선순위 관리는 어떻게 하면 좋을까? 일의 우선순위를 관리하는 데 유용한 작업 관리 도구가 있다. 바로 아이젠하워 매트릭스다. 긴급성과 중요성에 따라 업무를 체계적으로 정리하는 방법으로 우선순위를 정하는 데 도움을 준다.

미국의 34대 대통령이자 5성 장군이었던 아이젠하워는 놀라운 생산성을 가지고 일을 처리했다고 한다. 그는 이렇게 말했다.

"나에게는 늘 두 가지 문제가 있다. 급한 일과 중요한 일. 그런데 급한 일은 중요도가 떨어지고, 중요한 일은 긴급하지 않다."

그는 긴급도와 중요도 중에 어떤 선택을 할지, 즉 우선순위의 질문을 던졌다. 이 기준에 따라 일을 아래 그림과 같이 4가지로

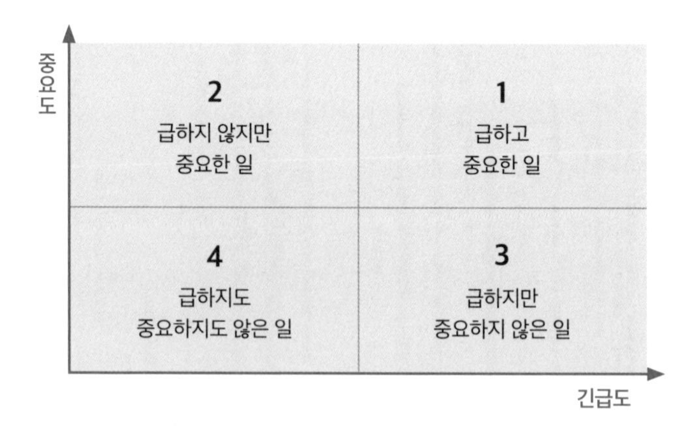

나눌 수 있다.

먼저, 자신의 상황에 맞게 4가지를 적어보자. 예를 들어, 영어 공부, 운동, 회사 프로젝트 업무, 매일 처리하는 데일리 업무와 같은 목표를 긴급성과 중요성에 따라 배치해 보자. 그다음, 우선순위를 고려해서 목표를 이루기 위한 계획을 짜면 좋다. 이 과정을 거쳐 우선순위를 명확히 하고, 시간을 더 효율적으로 활용할 수 있다.

자, 목표를 작성했다면 이제 우선순위를 매겨보자. 앞서 말했듯 우선순위는 주관적이지만, 이 책을 읽는 당신의 목표는 '성과를 내고 몸값을 올리고 싶은 직장인'이라고 가정하자.

1번이 가장 우선이다. 또한 4번이 가장 마지막 순위라는 건 명확해 보인다. 1번은 누가 시키지 않아도 가장 먼저 챙긴다. 가령 마감 기한이 임박한 회사의 중요한 보고가 이에 속한다. 4번은 말할 것도 없다. 흔히 말하는 시간 낭비라고 하는 일들이 여기에 속한다. 나의 경우, 도움 되지 않는 일은 유튜브나 쇼트 폼 등 콘텐츠를 보는 것이다. 그런데 많은 사람이 이런 소셜미디어에 시간을 많이 쓰고 행복해 한다. 정작 중요한 일을 할 시간을 여기에 쓰고 나중에 후회하는 경우가 많다.

문제는 2번과 3번이다. 언뜻 봐서는 우선순위를 매기기 어렵다. 대개 많은 사람은 3번, 급하지만 중요하지 않은 일을 먼저 챙긴다.

당장 처리해야 하는 주어진 업무, 특히 잡업무나 의미 없는 단순 반복 업무가 주로 여기에 속한다.

그렇지만 2번이 두 번째 우선순위가 되어야 한다. 급하지 않지만 중요한 일에 얼마나 많은 시간을 쏟느냐가 성패를 가른다. 글쓰기도 여기에 속한다. 그 외에도 독서, 외국어 공부, 운동, 건강 관리 등 주로 우리가 '자기 계발'이라 일컫는 일이 있다. 당장 하지 않는다고 해서 큰일 나지 않는 듯 보인다. 상사가 혼내지도 않고, 월급이 깎이지도 않는다. 때로는 귀찮기도 하다. 이 분야의 일을 할 때는 마음을 다잡고, 시간을 쓰고, 불편함을 감수해야 한다.

그렇지만 장기적으로는 2번에 많은 시간과 노력을 쏟은 사람이 성공할 확률이 높다. 일종의 미래를 위한 투자다. 예전에 〈유 퀴즈 온 더 블럭〉이라는 프로그램에 출연한 가수 박진영이 한 말이 기억에 오래 남는다.

"정말 하기 싫은 걸 몇십 년 동안 계속해야 하거든요. 그게 정답이거든요."

옆에서 그 말을 듣고 있던 진행자 유재석은 "이거죠, 이거죠"라고 말하며 깊이 공감했다. 두 사람 모두 한 분야의 정점에 있는 사람들이다. 박진영은 약 20년째 모닝 루틴을 실천하고 있다고 했다. 매일 아침 일정한 시간에 일어나 15분 식사, 30분 체조, 30분 발성 연습, 2시간 운동과 같은 루틴을 지킨다고 밝힌 바 있다. 유재석도 마찬가지다. 일정한 루틴으로 철저한 자기 관리를 한다.

6~7시 사이에 일어나서 뉴스와 종이 신문을 보고, 운동도 꾸준히 하기로 유명하다. 이처럼 성공한 사람들은 자신만의 루틴을 세우고 지켜나간다. 이들은 남들보다 하기 싫은 일에 많은 시간과 노력을 투입한다. 하기 싫더라도 장기적으로 나를 발전시키는 일이면 꾸준히 실천한다.

많은 직장인은 무언가를 하고 싶은데 그럴 시간이 없다고 말한다. 독서를 해야 하는데, 글을 써야 하는데, 그럴 시간이 없다고 말한다. 대부분은 우선순위 관리에 실패한 경우다. 눈앞의 급한 일에 치여서, 중요하지 않은 일을 하느라 정작 중요한 일을 할 시간은 확보하지 못한다.

급하지 않지만 중요한 글쓰기

글쓰기, 급하지 않을 수 있다. 그렇지만 중요하다는 사실은 변하지 않다. 직장에서 성과를 인정받기 위해 글쓰기는 필수 역량이자 치트키다. 급하지 않지만 중요한 일을 위한 시간을 확보해 보자. 남는 시간에 글을 쓰려 하지 말고, 시간을 확보해서 글을 써야 한다. 그렇지 않으면 다른 일에 밀려서 계속해서 미루게 된다. 이 사실을 알게 된 후로는 중요한 일을 위한 시간을 일부러 만들게 됐다.

'급하지 않지만 중요한 일'은 아침에 하는 것을 추천한다. 특히 직장인은 출근 후에 급한 일이 마구 쏟아진다. 중요한 일을 계획했다 해도, 주변의 상황에 그 시간을 뺏기는 경우가 허다하다. 그러니 글을 쓰기로 마음먹었다면 아침 시간에 하는 것이 좋다.

이는 일의 능률 측면에서도 유리하다. 뇌의 활동이 가장 활발한 골든 타임은 아침에 눈을 뜨고 난 후 2~3시간이기 때문이다. 이때가 뇌가 가장 집중할 수 있고, 방해받지 않는 시간이다. 생체 리듬상 오전 시간은 각성도가 최고조에 달한다. 생체 시계 전문가인 그렉 포터는 이 시간대는 뇌 집중 주의력이 높은 시간대 중 하나며, 일어난 지 3시간이 지나면 집중력이 최고에 달한다고 밝혔다. 이때 중요한 업무를 하면 장기적으로 뇌 건강에도 좋다.

그러니 조금 일찍 일어나서, 아무도 방해하지 않는 시간에 글을 써보자. 중요한 일을 몰입해서 처리할 수 있고, 그 일을 먼저 끝내두면 그다음 부가적인 일을 처리하기도 수월하다.

또 다른 이점은, 피로를 덜 느낄 수 있다는 점이다. '아침부터 집중하면 피로하지 않을까'라고 반문할 수 있겠지만, 실은 그 반대다. 중요한 일을 하기로 마음먹고, 하지 않아서 스트레스 받아본 경험이 있지 않은가?

《미루기 습관은 한 권의 노트로 없앤다》의 저자 오히라 노부타카는 이렇게 말했다.

"중요한 일을 뒤로 미루면 정신적, 육체적으로 지칠 뿐 아니라 뇌에도 피로가 누적된다. 해야 할 일을 뒤로 미루면 항상 머릿속에 그 일이 맴돌기 때문이다. 이 과정에서 쓰지 않아도 될 에너지를 쓰며 피로감을 느끼게 된다. 실제로 그 일을 시작하지 않는 한 미뤄서 생기는 불안과 후회는 점차 커질 뿐이다."

퇴근을 해도 처리하지 않고 미룬 안건이 계속 신경이 쓰여서 불필요한 스트레스를 받기도 하는 것처럼 말이다. 이렇게 미루다 보면 악순환이 계속된다. 다음 날에 일어나도 미룬 일이 머릿속에 생생하다. 인식하지 않아도 마음 한편에 그 일이 남아 있어서, 자신도 모르게 스트레스를 받을 수 있다. 할 일을 미루면 그 잠깐은 해방감을 느낄 수 있지만 결론적으로는 자신을 더 피곤하게 만든다.

반면 하루의 시작인 아침에 중요한 일을 하면 어떨까. 성취감은 물론 일을 미뤄서 느끼는 불필요한 스트레스나 피로감 없이 하루를 시작할 수 있다. 그러니 중요한 일은 아침에 하자. 특히, 그 일이 급하지 않을수록 아침에 하는 편이 좋다. 급하지 않다고 한 번 미루면 계속 미루게 된다. 게다가 아침 시간은 변수가 적다. 누군가 아침 일찍부터 연락해서 만나자고 하거나, 업무를 주거나, 연락을 하는 일이 드물기 때문이다.

일본의 저명한 작가 무라카미 하루키 역시 아침에 글을 쓴다. 매일 새벽 4시에 일어나 5~6시간 동안 글을 쓴다. 원고지 20매, 4,000자에 해당하는 분량이다. 하루키도 가장 중요한 일인 글쓰기로 하루를 시작한다. 우리는 글 쓰는 직업이 아니니 이렇게까지 할 필요는 없지만, 다수의 성공한 사람은 중요한 일을 아침에 한다.

아침 글쓰기가 주는 또 다른 이점을 살펴보자. 아침에 글을 쓰면 성취감으로 하루를 시작할 수 있다. 작은 성취가 모이면 자기 효능감이 높아진다. 자기 효능감은 쉽게 말하면 자신이 어떤 상황에서 그 행동을 성공적으로 해낼 수 있다는 신념이다. 자기 효능감이 높아지면 또 다른 성취를 하기가 쉬워진다. 선순환이 일어나는 구조다.

예를 들어, 하루에 짧게나마 글을 쓰거나, 잠깐의 독서 시간을 꾸준히 실행하는 것도 작은 성취다. 이를 실천할 때 가장 중요한 점은 처음부터 목표를 너무 크게 잡지 않는 것이다. 하루에 10줄 글쓰기를 하거나, 10페이지씩 독서를 하는 식으로 작은 목표를 실천해 보자. 작고 실현 가능한 목표를 꾸준히 이뤄내면, 점차 자신감이 쌓이고 더 큰 성과를 이루는 데 도움이 된다. 글쓰기뿐 아니라 다른 중요한 일도 마찬가지다. 급하지 않지만 중요한 일, 지금 당장은 하기 귀찮을 수 있는 일, 그런 일을 많이 적립해 두자. 남들과 차별점은 여기서 온다.

07 직장인 쓰기의 핵심, 시간을 경영하라

시간 낭비 주범을 찾자

바쁜 직장인이 글을 쓰려면 시간 관리가 핵심이다. 일 잘하는 사람은 시간을 스스로 경영한다. 많은 직장인은 글 쓸 시간이 없다고 이야기한다. 정말 그럴까? 다음은 시간이 없어 글을 못 쓴다는 독자에게 추천하는 시간 관리 방법이다. 평소 시간을 낭비하는 주범을 찾는 것이다.

그러려면 먼저 당신이 시간을 어떻게 보내는지 파악해야 한다. 일주일만 스스로의 시간 감독이 되어보자. 하루 일과를 돌아보고 하나하나 기록해 본다. 시간별로 무엇을 했는지 기록하면 된다.

노트에 적어도 좋고 스마트폰 메모장에 적어도 좋다. 다만 스마트폰은 만지는 순간 각종 앱에서 오는 알림, 나를 찾는 메신저, 재밌어 보이는 각종 뉴스 등 다른 것에 정신 팔릴 요소가 많다. 그러므로 스마트폰보다는 손으로 필기하는 방법을 더 추천한다. 그렇게 일주일 동안 스스로의 시간 사용 패턴을 확인한다. 다소 번거로운 일이다. 그럼에도 어디서 어떻게 시간을 낭비하는지 알아채는 과정이 반드시 필요하다.

다음은 내가 시간을 주로 빼앗겼던 상황이다.

- 유튜브 시청 : 습관적으로 유튜브를 보는 경우. 특히 혼자 밥 먹으면서 유튜브를 볼 경우, 밥만 먹을 때보다 30분에서 1시간은 더 앉아 있게 됨.
- 욕실에 스마트폰을 들고 들어가는 경우 : 씻기 전에 스마트폰을 15분은 더 보게 됨. 볼일을 마친 후에도 스마트폰 때문에 시간을 더 보냄.
- 인터넷 서핑 : 다른 일을 하려고 노트북을 켰을 때 포털 속 광고에 이끌려 쇼핑하고 있음. 혹은 중요하지 않은 소식이나 뉴스를 보느라 시간을 보내는 경우가 많음.
- 사내 메신저, 카카오톡 : 알림 팝업이 뜨면 하던 일을 중단하고 알림 내용을 확인함. 급하지 않은 일이나 잡담도 즉시 확인하고 답장하려는 습관으로 많은 시간을 소요함.

- 주말에 TV 시청 : 주말에 긴 시간 TV를 시청함. 특히 드라마나 시리즈물은 한 번에 몰아서 보는 경우 3시간 이상을 계속 시청하며 시간을 보냄.

당신은 어떤가? 나는 주로 시간을 낭비하는 패턴이 비슷했다. 문제는 대부분 유튜브, 메신저, 인터넷, TV였다. 하는 동안에는 즐겁지만 끝나고 나면 시간은 이미 훌쩍 지나 있었다. 짧은 시간도 아니고 몇 시간을 낭비하는 주범이었다. 푹 빠져서 보지만 결국 남는 정보는 거의 없다. 머리가 멍해지기도 한다. 게다가 중독성이 강하다는 공통점이 있다. 별생각 없이 리모컨을 들어 TV를 켜는 행동처럼 안 좋은 습관이 되기도 한다. 잠깐만 하려고 생각했지만, 어느새 깊게 빠져들었다.

도파민 중독과 디지털 디톡스

요즘 이러한 현상을 흔히 '도파민 중독'이라 부른다. 도파민은 원래 즐거움을 느끼게 해주는 호르몬이지만 과하면 ADHD, 강박증, 과대망상을 일으킬 수도 있다. 이러한 이유로 '도파민 디톡스' 혹은 '디지털 디톡스'를 지향하는 사람이 많아졌다. 분명 쉬운 일은 아니다. 하지만 디지털에 많은 시간을 보내는 사람들에겐 분명 필요한 도전이다.

이때 도움 되는 처방은 '시간 기록'이다. 시간을 기록할 때는 종이 다이어리의 캘린더를 추천한다. 시간을 낭비한 사실을 손으로 직접 쓰면서 마음을 다잡을 수 있다. 만약 스마트폰이 편하다면, 일정 관리 어플을 사용하는 방법도 있다. 하루의 시간을 얼마나 사용했는지 스톱워치로 시간을 재고 기록할 수 있는 토글Toggl을 추천한다. 시간 기록, 타임 블록, 목표 설정, 구글 캘린더 연동 등 전체적으로 시간 관리를 할 수 있는 어트래커Atracker도 유용하다. 단, 스마트폰 알림은 최소로 설정해 두자. 집중을 깨는 알림과 쓸데없는 정보가 너무 많은 세상이다. 특히, 처음 앱을 가입할 때 앱에서 알림을 설정하지 않는 습관을 들이자. 중요 정보를 제외하고는 푸시 알림이 오지 않도록 스마트폰 설정을 바꾸는 방법을 추천한다.

정신과 의사이자 작가인 안데르스 한센에 따르면, 우리는 하루에 수십 번, 수백 번 이상 휴대폰을 만지며, 깨어 있는 동안에는 평균 10분에 한 번씩 들여다본다고 한다. 스마트폰 때문에 집중력이 한 번 깨지면, 다시 그 일에 집중하는 데 25분이 걸린다. 단지 스마트폰을 옆에 놓아두는 행위만으로도 인시 능력이 눈에 띄게 떨어진다는 실험 결과도 있다. 스마트폰이 더 가까이 있을수록, 눈에 띌수록 인지 능력이 눈에 띄게 떨어진다는 것이다. 그러니 중요한 일을 할 때는 스마트폰을 시야에서 없애자. 내 시야에 들어온다는 사실만으로 방해가 될 수 있다.

하지 말아야 할 리스트를 만들자

대부분의 사람들은 해야 할 일 목록인 'To do 리스트'를 만든다. 나 또한 To do 리스트만 작성했었다. 그런데 하루의 시간을 어떻게 쓰는지 살펴보고 깨달은 사실이 있다. 시간 관리의 핵심은 '할 일을 위한 시간 확보'보다 '하지 말아야 할 일'에 있다는 점이다. 할 일을 하지 못하는 원인은 '낭비하는 시간'이 가장 크다. 할 일을 할 시간을 확보하기 위해서는 하지 말아야 할 일을 정해서 지켜야 한다.

당신이 할 일을 적어놓고 하지 못하는 경우를 생각해 보자. 유튜브를 보느라 시간을 보낼 수도 있고, TV 앞에 앉아 긴 시간을 보내기도 한다. 때로는 불필요한 술자리 때문에 할 일을 미루지는 않았는가. 컨디션이 안 좋은 경우는 어떤가. 아무 일도 잡히지 않는다.

그렇기 때문에 하지 말아야 할 일을 먼저 정해야 한다. 퇴근 후 몇 시간 동안 유튜브만 보지 않기, 불필요한 술자리와 약속 잡지 않기, 컨디션을 해치는 무리한 스케줄 피하기. 이것만 지켜도 낭비하는 시간을 중요한 일을 하는 데 쓸 수 있다. 이를 깨닫고 난 후 'Not to do 리스트'를 만들기 시작했다. 최소한 이것만은 하지 말기로 결심했다.

- 혼자 밥 먹을 때 유튜브 보지 않기. 볼 때는 시간을 정해놓고 보기
- 씻을 때 욕실에 휴대폰 들고 가지 않기
- 글 쓰려고 노트북을 켰을 때, 인터넷 하지 않고 바로 문서로 이동하기
- 중요한 일을 할 땐 카카오톡 같은 메신저 알림은 잠시 꺼두기
- 습관적으로 TV 켜지 않기
- 거절하지 못해서 참석하는 자리 줄이기

하루의 시간 관리는 Not to do 리스트를 지키는지 그 여부에 따라 달라졌다. 지키는 날에는 계획한 일을 대부분 해낼 수 있었다. 그날은 하루 일과가 끝나면 뿌듯하게 잠에 들었다. 그런 날은 잠도 잘 온다. 하루를 알차게 보내고, 마음도 편하기 때문이다.

물론 지키지 못하는 날도 많았다. 이미 일상에서 안 좋은 습관으로 굳어진 경우에는 고치기가 쉽지 않았다. 지키지 못한 날은 역시나 그날 계획한 일을 다 하지 못한다. 하고 싶은 일만 하느라 해야 할 일, 중요한 일은 놓친다. Not to do를 많이 할수록 시간 관리에 실패하게 된다. 여기서 중요한 점은 단순히 시간 기록과

Not to do 리스트 작성이 아니라, 이를 꾸준히 지켜, 하지 않는 습관으로 만드는 것이다.

처음부터 모든 나쁜 습관을 없애는 건 어렵다. 너무 가혹하게 스스로를 몰아붙이기보다는 작은 것부터 실천하는 것이 현실적이다. 예를 들면, Not to do 리스트에서 하나라도 확실히 줄여보자. 나의 경우, '중요한 일을 할 땐 카카오톡 같은 메신저 알림은 잠시 꺼두기'처럼 쉬운 항목부터 시작했다. 방해 요소를 차단하면 몰입이 깨질 확률이 낮다. 이는 개인적인 용무뿐 아니라 직장에서도 유용했다. 메신저는 중요하지 않은 내용도 많다. 업무에 집중하다가도 메신저가 오면 자연스레 집중이 깨지고, 확인하는 경우가 많았다. 메신저를 즉시 확인하지 않아도, 긴급한 일이라면, 다른 루트로 연락이 온다. 따라서 몰입할 때는 알림을 꺼두거나 최소한으로 확인했다. 이렇게 당장 실천할 수 있는 방법부터 시작해서 성공한 후 차츰차츰 늘려나가는 게 현실적인 방법이다.

너무 각박하게 Not to do 리스트를 짤 필요는 없다. 극단적인 항목은 오히려 의욕을 떨어뜨린다. 가끔 쉴 때 유튜브를 볼 수도 있다. 인터넷 서핑도 때로는 필요하다. 주말에 몰아서 시리즈물을 볼 수도 있다. 문제는 빈도다. 불필요한 일이 너무 잦으면 정작 중요한 일을 할 시간이 없다. 습관적으로 특정 행동을 너무 자주 한다면 조건이나 상황을 정해놓자. '유튜브 보지 않기'보다는 '화장실 갈 때는 휴대폰을 가져가지 않기'처럼 상황이나 조건을 규정하는 게 좋다.

우리는 '시간이 없어서'라는 핑계를 너무 많이 달고 산다. 블로그를 하고 싶은데, 시간이 없어서. 유튜브를 부업으로 하고 싶은데, 시간이 없어서. 운동으로 체력을 키우고 싶은데, 시간이 없어서. 특히 직장인은 시간이 없다는 변명을 하기 좋다. 매일 출퇴근 하는 일도 쉽지 않다고 생각하기 때문이다. 그런데 이렇게 생각해 보면 어떨까. 분명 바쁜 와중에도 할 일을 해내는 직장인이 있다. 그들이 할 수 있다면 내가 못할 이유도 없다. 그 차이를 만드는 시작은 시간 관리다. 할 일보다 하지 말아야 할 일부터 정해서 지켜 보자.

5분의 힘

어떻게 하면 시간을 효과적으로 쓸 수 있을까? 나는 유명 기업가의 시간 관리 전략을 참고했다. 빌 게이츠는 하루의 시간을 효율적으로 보내기 위해 5분 단위로 시간을 쪼개어 사용했다. 일론 머스크도 비슷한 방식으로 하루의 시간을 관리한다. 사실 5분은 짧다면 짧게 느껴지는 시간이다. 하지만 생각보다 많은 일을 할 수 있다. 5분 농안 명상을 해본 적이 있는가? 조용한 상태에서 5분간 가만히 있어 보자. 생각보다 긴 시간임을 알 수 있다. 5분

동안 맨몸 운동을 해도 땀이 난다. 지저분한 책상 정리를 하기에도 충분한 시간이다. 시간 관리를 실패하는 경우에는 '겨우 5분쯤이야'라는 생각에서 시작한다. 나 역시 '5분만 스마트폰 하자'라고 생각하고 알고리즘에 빠져 몇 시간을 허비한 경험이 많다. 반대로, 5분이면 끝낼 수 있는 일을 귀찮아서 미루다가 5시간이 걸릴 때도 있다. 업무 메모나 회의록은 그 일이 끝난 즉시 가장 기억이 잘 난다. 그때그때 짧게 정리해 두면, 나중에 따로 자료나 히스토리를 찾으려 시간을 쓰지 않아도 된다.

금방 끝낼 수 있는 일은 그 자리에서 하는 게 좋다. 마치 식사 후 바로 설거지를 하지 않고 미뤘다가 그릇의 잔여물이 굳어 닦기가 힘들어진다거나, 물건을 쓰고 제자리에 두지 않고 아무 곳에 던져둬서 결국 집안 대청소를 해야 하는 일이 생길 수 있는 것처럼 말이다. 5분이 12번 쌓여 1시간이 되고, 1시간이 24번 쌓여 하루가 된다는 사실을 잊지 말자.

시간 경영은 직장인 글쓰기의 핵심이다. 나도 대부분의 글을 To do가 아닌 Not to do로 완성할 수 있었다. 오늘 바로 자신의 하루를 점검해 보자. 내가 시간을 어떻게 보내는지 기록하고 분석해서 나만의 리스트를 만들어보자. 그리고 작은 목표부터 세워서 지켜보자.

communication

solution

business

2장

직장에서 돋보이는 글쓰기 기술

01

직장인에게 글쓰기는 최고의 무기다

직장에서 글을 잘 쓴다는 의미

직장에서 돋보이는 커뮤니케이션은 어떤 형태일까. '누가 가장 먼저 생각해 냈는지'보다 중요한 것은, '누가 가장 먼저 명확하게 말했는가'다. 그 중심에는 글쓰기가 있다. 만약 프로젝트에서 핵심 아이디어를 가장 먼저 제시했다고 가정해 보자. 그러나 그걸 명확하게 표현하고 문서로 만들어서 보고하는 사람이 공을 가져가게 된다. 씁쓸하지만 이게 현실이다.

글을 잘 쓰는 사람이 모두 일을 잘하지는 않는다. 그러나 일을 잘하는 사람은 글(문서)을 잘 쓴다. 앞에서도 강조했지만 직장인이

'글을 잘 쓴다'는 건 화려한 필력을 말하는 게 아니다. 핵심을 효과적으로 표현하는 의사소통 도구로서의 글쓰기다. 내가 본 대부분의 뛰어난 직장인은 의사소통에 능했고, 핵심 내용을 간결하고 정확하게 문서로 표현할 수 있었다. 즉, 직장에서 문서만 잘 써도 일을 잘한다는 인상을 줄 수 있다.

회사에서 대부분의 의사소통은 이메일, 보고서, 프레젠테이션, 기획서 등의 문서를 통해 이루어진다. 그 문서들은 각종 회의에서 논의의 기초가 되고, 의사 결정의 기반이 된다. 어떻게 메시지를 전달하느냐에 따라 중요한 의사 결정의 방향이 바뀔 수도 있다. 보고서를 통해 프로젝트 예산을 확보하거나, 이메일로 협력 파트너를 설득해 업무의 방향을 변경할 수도 있다. 이렇게 직장에서 문서의 영향력은 상당하다. 이를 잘 활용하는 사람이 결국 '일을 잘한다'는 평가를 받는다.

마음과 행동을 움직이는 무기

글은 단순히 생각을 정리하는 수단에 그치지 않는다. 특히 비즈니스 글쓰기는 설득력과 전달력을 갖춰야 한다. 이 두 가지를 갖춰야 사람의 마음과 행동을 움직일 수 있다. 결국 직장에서 글쓰기는 단순한 커뮤니케이션 그 이상의 역할을 한다. 논리적으로 현재 문제를 전달하고, 해결책을 제시하고, 구체적으로 누가 어떤 액션을 취해야 하는지를 정해준다.

부서 간 혹은 팀원 간 조율도 가능하게 한다. 예를 들어, 회사에서 최근에 종이 낭비가 심해 종이 사용을 줄이는 캠페인을 한다고 하자. 단순히 인사팀에서 "종이 낭비가 심하니 직원 모두 종이 사용을 줄입시다"라고 말하는 상황과 캠페인을 일목요연하게 문서

페이퍼리스(Paperless) 캠페인

24년 1월 24일
인사팀

문제점

최근 불필요한 인쇄물 사용으로 종이 낭비가 증가하고 있다.
특히, 작년 대비 종이 사용이 40% 이상 증가하였으며, 이는 회사의 ESG 중 환경 목표와 비용 측면 모두 부정적인 영향을 준다.

해결책

디지털 문서 관리와 필수 출력만 허용하면서 종이 사용을 최소화하고, 디지털 문서를 활용하자.

액션 플랜(Action Plan)

항목	담당	내용
캠페인 가이드 배포	인사팀	- 전 직원에게 캠페인 가이드라인 이메일로 배포
디지털 문서 활용	전 직원	- 보고서, 회의록 등 첨부파일로 공유 - 출력 대신 내부 커뮤니케이션 플랫폼을 적극 활용
성과 측정	총무팀	- 월별 종이 사용량 측정해 목표 대비 성과 측정 - 결과 데이터를 바탕으로 개선 사항 도출

화해서 전파하는 상황은 확연히 차이가 있다.

앞의 예시를 보면 어떤가? 전달 효과 측면에서는 모호한 말보다 캠페인을 구체적으로 문서화하는 편이 훨씬 효과적이다.

원하는 결과를 끌어내는 무기

때로는 글쓰기만으로도 원하는 결과를 끌어낼 수 있다. 직장에서 의사 결정을 바꾼다는 건 무기이자 권력이다. 실제로 글은 조직에서 원하는 결과를 얻을 수 있는 강력한 수단이다. 예를 들어 잘 쓴 메일 한 통, 보고서 한 장이 의사 결정 방향을 바꿀 수 있다. 여러 가지 선택지 중 어떤 프로젝트를 추진할지, 예산은 얼마로 책정할지와 같이 중요한 사안이 글을 어떻게 쓰는지에 따라 달라지기도 한다.

실무 책임자가 새로운 프로젝트의 예산을 확보하고자 할 때, 기획서를 잘 작성하지 못하면 예산 심의에서 탈락할 수 있다. 반면, 명확하고 설득력 있는 문서는 상사나 경영진의 동의를 이끌어내 필요한 자원을 확보할 수 있게 돕는다.

결국, 직장에서 누군가가 '글로 문제를 해결할 수 있는 사람'으로 인식된다면, 그 사람은 실질적인 영향력을 가질 수 있다.

예를 들어, 팀 회의가 엉뚱한 방향으로 흘러갈 때, 한 사람이 간결하고 논리적으로 작성한 문서로 상황을 설명하고 정리할 수 있다면 어떨까. 명료하게 결론을 제시하면서 불필요한 시간과 에너지 낭비를 막아준다. 시간이 지날수록 그 사람의 영향력은 자연스레 커질 수밖에 없다. 부서에서 중요한 문서는 점차 그 사람이 작성하게 된다. 나아가 그는 조직 내에서 권한을 갖고 리더십을 발휘하게 된다.

글쓰기를 무기 삼는 마인드

무기를 어떻게 생각하느냐에 따라 활용하는 방법도 달라진다. 한 펜싱 선수가 있다고 하자. 만약 그 펜싱 선수가 자신의 무기인 칼을 두려워하면 어떻게 될까? 제대로 활용하기는커녕 칼을 잡기조차 어려워진다. 우리는 무기를 바라보는 인식부터 세팅해야 한다. 그 방법은 다음과 같다.

첫째, 문제 해결의 도구로 인식하라

직장에서 글쓰기는 문제 해결의 도구로 인식해야 한다. 대부분의 직장인은 보고서나 이메일을 단순히 정보 전달이나 요구 사항에 맞추는 작업으로 생각한다.

예를 들어, 고객이 우리 A서비스의 견적을 요청했다고 하자.

이때 단순히 A서비스의 견적을 전달하는 것은 '정보 전달이나 요구 사항에 맞추는 작업'에 그친다.

그런데 사실은 문제를 해결하는 도구로 바라보는 게 먼저다. 즉, 글을 쓰기 전에 어떤 문제를 해결해야 하는지부터 명확히 생각하자. 단순히 정보 전달에 그치지 않고, 독자가 무엇을 해결해야 하는지를 파악하고, 해결책을 구체적으로 제시하는 구조로 작성해야 한다. A서비스의 견적을 무슨 이유로 요청했는지 파악하고, 만약 문제 해결에 B서비스가 더 적합하다면 A서비스 견적을 전달하며 B서비스를 함께 소개할 수도 있다. 즉, 글의 목적이 'A서비스 견적 제공'보다는 '고객의 문제를 효율적으로 해결하기'인 셈이다.

이런 인식을 가지면, 글쓰기가 단순한 문서 작업이 아닌, 실질적인 해결책을 제시하는 무기로 활용할 수 있다.

둘째, 독자에 따라 설득 방법이 달라진다

모든 글에는 독자가 있다. 먼저 그 독자가 상사, 동료, 고객 등 누구인지를 분명히 정해야 한다. 글을 읽는 사람에 따라 어떤 메시지를 전달해야 하는지, 어떤 방식으로 설득해야 하는지가 달라지기 때문이다. 상황에 따라 다른 전략을 써야 한다. 먼저 독자가 어떤 의사 결정을 해야 하는지, 자신이 무엇을 설득해야 하는지 써보자.

예를 들어, 상사에게 기획안 승인을 요청할 때는 기대 효과와 성과를 중심으로 설득하고, 동료에게 협업을 요청할 때는 상호 간 이익과 효율성을 강조하는 방식으로 접근해야 한다. 이처럼 독자의 특성에 맞춘 글은 그들의 태도와 의사 결정의 변화를 이끌어낼 수 있다.

셋째, 권한을 얻는 수단이 된다

글쓰기는 직장에서 권한을 얻는 수단으로 활용할 수 있다. 직장에서 명확하고 설득력 있는 의사소통은 중요한 결정을 이끌어낼 수 있는 권한을 얻게 해준다. 자신 있는 분야를 글로 명확하게 표현할 수 있는 사람은 자연스럽게 그 주제에서 전문가로 인식된다. 이로써 일종의 주도권을 확보할 수 있다.

프로젝트에서 중요한 결정을 내릴 때마다 글로 자신의 입장을 논리적으로 전달해 보자. 상대방을 설득하는 과정을 거쳐 점점 더 많은 권한을 얻게 된다. 권한이 많다는 뜻은 곧 권력을 얻는다는 말이기도 하다. 권한과 권력을 가지면 책임도 늘겠지만, 대신 많은 협상에서 유리해진다. 즉, 몸값을 올리는 지름길이다.

넷째, 자신의 '가치 증명서'로 활용하라

글쓰기는 직장에서 자신이 무엇을 할 수 있는지, 어떤 역량을 가지고 있는지 증명하는 수단이다. 보고서나 기획서에서 자신의 역량을 보여줄 수 있다면 글은 그 사람의 능력을 증명하는 도구가 된다. 글을 잘 쓴다는 것은 비단 어휘나 표현력만 좋다는 것뿐이 아니라, 동시에 자신의 가치와 실력을 증명할 수 있다는 의미다. 이러한 마인드로 글쓰기를 바라본다면, 이메일 하나도 효과적으로 쓰는 방법을 연구하게 된다.

게다가 이런 태도로 임하면 시간이 갈수록 역량과 스킬이 좋아진다. 이처럼 글쓰기를 자신의 능력을 증명하는 강력한 가치 증명서로 활용할 수 있다.

다섯째, 결과보다 과정을 중시하라

많은 직장인은 과정보다는 결과물에 집중하는 경향이 있다. 보고서가 상사에게 어떻게 평가될지, 제안서가 채택될지 여부만을 생각하며 스트레스를 받는다.

그런데 결과만큼 과정을 중시해 보면 어떨까. 글쓰기를 그저 결과물을 얻기 위한 고단한 과정으로만 생각하지 말자. 글쓰기는 그 자체로 깊은 사고의 연습 과정이기도 하다. 글을 쓰면서 생각을 정리하고, 논리를 다듬고, 문제의 본질을 파악하게 된다.

그러면서 생각을 명확히 하고, 복잡한 문제를 해결하는 사고력 훈련이라고 생각하자. 생각만 바꿔도 스트레스를 덜 받을 수 있다. 오히려 배움의 과정으로 느껴지기도 한다. 과정을 즐기면 더 큰 성과를 기대할 수 있다. 결과에 대한 부담만 생각하지 않고,

자신의 생각을 발전시키는 하나의 연습으로 바라보는 마인드가 필요하다. 그러면 글쓰기가 덜 부담스러워질 뿐만 아니라, 점차 더 나은 결과물을 만들어낼 수 있는 밑거름이 된다.

02 돈 주는 글쓰기 학원에 다니다

돈 받고 글쓰기 실력 키우는 곳

앞서 글쓰기를 어떻게 무기로 인식할지 살펴봤다. 펜싱 선수는 더 이상 자신의 무기인 칼이 두렵지 않다. 그런데 경기장만 가면 온몸이 떨린다. 훈련장에서는 칼을 잘 잡았는데, 실전에 돌입하면 긴장과 압박감에 실력을 제대로 발휘하지 못한다. 결국 경기장에서 느껴지는 두려움을 없애야 자신의 실력을 발휘할 수 있다. 마찬가지로, 직장인의 경기장은 회사다. 나 또한 경기장인 회사를 두려워했다. 그런데 마인드를 어떻게 세팅하느냐에 따라 충분히 바꿀 수 있다.

나는 매일 글쓰기 학원으로 출근하기로 했다. 그것도 돈을 내고 다니는 게 아니라, 내게 돈을 주는 학원이었다. 매달 정해진 날이 되면 돈을 주는 그런 글쓰기 학원이 존재할까? 그 학원이 바로 회사다. 나는 회사를 '돈 주는 글쓰기 학원'으로 생각하기로 했다. 그 이유는 우선, 직장인은 출근해서 퇴근할 때까지 다양한 글을 써야 한다. 메신저, 메일, 보고서 기획안부터 간단한 메모까지 원하든 원하지 않든 글을 써야 한다. 이러한 환경이 마치 글쓰기 학원을 연상시켰다.

게다가 직장은 글쓰기에 최적화된 장소였다. 글쓰기 과제를 주는 선생님, 즉 상사도 있고, 타이트한 마감 기한도 있어서 글을 안 쓰고 싶어도 안 쓸 수 없는 환경이었다. 직장에서 글을 쓴다고 해서 누가 뭐라고 할 사람은 없다. 오히려 열심히 타이핑하는 모습은 칭찬받을 만한 모습이다. 뿐만 아니라 글쓰기 과제를 잘하면 인정을 받는다. 그 인정을 계속 쌓다 보면 보상도 는다. 그야말로 글쓰기가 최적화된 훌륭한 시스템이다.

그렇다면 왜 나는 회사를 돈 주는 글쓰기 학원이라고 생각했을까? 솔직히 말하면, 출근이 싫었기 때문이다. 글쓰기가 두렵기도 했다. 출근도 부담스러운데, 끊임없이 글을 써야 했기 때문이다. 이 자체가 큰 압박으로 다가왔다. 글쓰기가 쉽지 않은 사람이라면, 회사에서 글쓰기가 얼마나 부담스러울 수 있는지 공감할 것이다. 신입 사원 때는 메신저 하나 쓰는 것 자체도 고민거리였다. '재가 요청드립니다', '허가 부탁드립니다' 같은 표현을 골라 쓰는 데도 많은 시간과 에너지를 쏟았다. 이러한 고민이 누군가에겐 지나치게 사소해 보일 수 있지만, 나에게는 매번 썼다 지웠다를 반복하며 엄청난 정신적 에너지를 소비하게 만드는 문제였다. 이렇게 단어 하나에도 신경을 썼던 탓에 회사에서 모든 체력을 소진해 퇴근 후에는 온몸이 지쳐 있었다. 출근길에는 오늘은 또 어떤 메일을 보내야 할지, 어떤 보고서를 써야 할지 걱정이 앞섰다.

더 이상 안 되겠다 싶어 마인드를 바꾸기로 했다. 회사에서의 글쓰기를 두려워하지 않기로 했다. 회사에서의 글쓰기를 하나의 학습 기회로 바라보기로 했다. 회사를 '글쓰기 학원'으로 생각하고 나니, 회사에서 겪는 작은 일에도 연연하지 않게 되었다. 글을 쓴다는 것이 실수를 하지 말아야 하는 부담스러운 과제가 아니라, 더 나은 글쓰기를 연습하는 과정이라고 생각하니 마음이 한결 가벼워졌다.

그렇다고 사소한 글쓰기는 대충 하자는 뜻은 아니다. 우리는 돈을 받고 일하는 프로다. 단어 하나의 차이로 상대방에게 미치는 영향이 달라질 수 있다. 따라서 표현을 신중하게 선택하는 것은 여전히 필요하다. 다만, 지나치게 작은 표현 하나하나에 매달리거나, 지난 실수에 연연해 할 필요는 없다. 나의 글이 상사나 동료들에게 어떻게 비칠지 생각하는 습관은 필요하지만, 실수하더라도 자책하지 않고 다음을 생각하는 자세도 중요하다. 직장의 글쓰기를 '나를 평가하는 유일한 결과물'이 아닌 '여러 기회의 과정'으로 바라보고 나서는 두려움을 차츰 없앨 수 있었다. 이후에는 회사에서 글을 쓰는 과정도 덜 부담스럽고, 오히려 나에게 주어진 기회로 인식하기 시작했다.

생각의 전환이 가져다준 3가지

회사를 글쓰기 학원으로 바라보는 생각의 전환은 몇 가지 변화를 가져왔다.

첫째, 회사에서 글을 더욱 공들여 쓴다

회사에서 글쓰기를 '귀찮은 업무'가 아닌 '성장 도구'로 인식하면서 글을 더 공들여 쓰기 시작했다. 평소처럼 메일을 작성하면서도 '이 글을 조금 더 명확하게 쓸 수는 없을까?'라는 의문을 품었다. 이는 기계적으로 글을 쓰던 내게 큰 변화였다. 글을 쓴 뒤 다시 검토하고, 불필요한 내용을 제거하거나 순서를 바꿨다. 단, 지나치게 사소한 표현에는 집착하지 않기로 했다. 중요한 포인트를 알고 그것에 집중하면 된다.

더 좋은 방식이 있을 거란 의심은 단순히 글쓰기에만 영향을 주지 않았다. 전체적인 업무 처리 방식에도 변화를 주어 점차 나의 업무 전반에 질을 높였다. 늘 하던 일에 더 효율적으로 할 수 있다는 생각을 더하면 빠르게 성장할 수 있다.

둘째, 주도적으로 글을 쓰며 더 많이 배운다

글쓰기를 배움의 기회로 여기게 되었다. 당신의 목표가 배움일 경우, 더 능동적인 태도를 갖게 된다. 마치 적극적인 태도로 수업에 임하는 학생이 같은 내용을 들어도 더 많은 지식을 흡수하듯이 말이다. 회사도 마찬가지다. 중요한 보고서를 작성할 때 '이 보고서로 무엇을 배울 수 있을까?'라는 질문을 던졌다. 예를 들어, 경영진에게 보고하는 중요한 보고서를 작성하는 경우를 생각해 보자. 당연히 압박감과 스트레스를 받는다. 그런데 '이렇게 중요한 보고서를 쓰면서 얼마나 많이 배울지'에 집중해 보자. 어디서도 배울 수 없는 실전 보고서 쓰기 수업이 된다.

사실 학원에 비유했지만, 회사는 연습이 아닌 실전 글쓰기를 경험할 수 있는 최고의 장소다. 아무리 이론으로 강의를 들어도 실제 일하면서 배우는 속도가 훨씬 빠르다. 주어진 시간 내 성과물을 만들어야 하기 때문이다. 이는 글을 쓰는 동기부여를 만들어 주고, 더 주도적으로 쓰게 만들어준다. 그 과정에서 더 나은 표현과 논리적 흐름을 찾게 된다. 결과적으로 자신만의 경쟁력을 높일 수 있다.

셋째, 회사 생활을 긍정적으로 바라보게 된다

회사를 '글쓰기 학원'으로 바라보면서 출근길이 덜 부담스럽게 느껴졌다. 출근하면 주위에는 배울 수 있는 상사와 동료가 있다. 물론 가끔은 실수하거나 깨질 수도 있다. 다만 그만큼 많이 배울 수 있다. 매달 받는 급여는 마치 학원을 다니면서 동시에 수업료를 돌려받는 것 같았다. 이 마인드셋은 직장 생활을 더 즐겁게 만들었고, 스트레스를 줄이는 데 도움이 되었다. 회사를 긍정적으로 바라보게 되면 긍정적인 태도를 갖게 되고, 습관이 되면 긍정적인 사람이 된다.

누군가는 이 이야기를 듣고 '그거 정신 승리 아니야?'라고 말할지도 모른다. 그렇다면 인지부조화가 주는 스트레스와 극복의 중요성을 살펴보자. 인지부조화는 자신의 행동과 신념이 충돌할 때 생기는 심리적 불편감을 뜻한다. 예를 들어, 회사에서 스트레스를 받으면서도 계속 다녀야 한다는 상황은 심리적 충돌을 일으킬 수 있다. 이러한 심리적 긴장은 건강에도 부정적인 영향을 미친다. 결국 심리적 안정을 찾기 위해 인지부조화를 해소해야 하는데, 이를 위해서는 행동을 바꾸거나, 신념을 바꾸는 두 가지 방법 중 하나를 선택한다.

예를 들어, 회사에서 글쓰기를 하지 않거나, 아니면 글쓰기를 긍정적으로 바라보는 것이다. 직장인이라면, 회사에서 글쓰기를 하지 않는 건 불가능에 가깝다. 따라서 회사를 '글쓰기 학원'으로 인식하는 생각의 전환이 인지부조화로 인한 스트레스를 줄여준다. 즉, 긍정적 사고는 스트레스를 완화하고 더 나은 심리적 건강을 얻게 한다.

어차피 해야 한다면, 조금만 생각을 바꿔보자. 긍정적인 사람은 자신뿐 아니라 동료에게도 좋은 에너지를 전파할 수 있다. 이는 단순한 자기합리화가 아니라, 태도와 생각을 긍정적으로 전환해서 직장 생활을 유지할 수 있는 전략이다.

03 일잘러의 첫 번째 덕목, 의사소통

업무의 시작과 끝은 의사소통이다

영업팀 최 대리는 고객의 긴급한 요청으로 개발팀 박 과장에게 연락한다. "박 과장님, A시스템이 지금 접속이 느리다고 하는데요, 빨리 확인 좀 해주십시오." 개발팀 박 과장은 시스템 로그인이 느린 건지 아니면 특정 기능이 느린 건지, 한 고객이 문의를 한 건지 아니면 여러 고객이 항의한 건지 정확히 무슨 문제인지 감이 오지 않았다. 얼마나 급한 상황인지는 모르겠으나 충분한 설명을 해줘야 처리를 할 수 있는데, 영업팀은 늘 급하다고만 한다. 게다가 지금 개발팀은 중요 프로젝트 기간이라 정신이 없다. 박 과장은 딱딱한 말투로 "뭐가 문제인지 메일로 정리해서 요청해 주세요"라고 대답하고 전화를 끊었다. 최 대리의 불친절한 설명에 기분이 나빠진 박 과장은 자신의 피드백도 모호했다는 건 인지하지 못한다. 최 대리는 '급한 마음에 전화로 요청하며 설명했는데 메일로 다시 정리해서 달라니…, 이래서 개발팀과는 협업하고 싶지 않다'라고 생각한다. 그 와중에 고객은 계속 불만 메시지를 보낸다.

위 상황은 직장에서 흔히 발생하는 일이다. 조직 간 의사소통이 원활하지 않으면 오해를 낳는다. 동료 간에 감정이 상하고, 업무 협조가 제대로 이루어지기 어렵다. 처리가 늦어지면서 고객의 불만도 쌓여간다. 결론적으로 회사의 평판에도 악영향을 끼칠 수 있다. 사소한 의사소통이라도 제대로 이루어지지 않으면, 나비효과처럼 큰 결과를 불러오기도 한다.

이처럼 의사소통은 직장 생활에 큰 영향을 준다. 출근해서 퇴근할 때까지 의사소통으로 시작해 의사소통으로 끝난다 해도 과언이 아니다. 예를 들어 출근하자마자 동료와 나누는 스몰 토크, 쌓여 있는 이메일과 업무 연락, 주간 업무 안건을 나누는 회의 자리 등 끊임없이 이어진다. 모두 크고 작은 의사소통이다.

앞의 에피소드에서 영업팀 최 대리가 상황 설명을 구체적으로 했다면 어땠을까. 고객이 어떤 상황인지, 얼마나 중요한 문제인지 박 과장이 알아듣기 쉽게 설명했다면? 개발팀 박 과장은 최 대리에게 무엇을 확인해야 하는지 상세히 설명해 주었다면? 중요 프로젝트 기간이라 정신이 없으니 메일로 정리해 주면 좋겠다는 설명을 했다면?

문제는 쉽고 빠르게 해결됐을지도 모른다. 의사소통 능력이 부족하면 협업에 문제가 생긴다. 그렇다면 고성과 팀의 의사소통은 어떨까. 기업문화 전문가 애드리언 고스틱과 체스터 엘튼은 고성과 팀의 차별화되는 의사소통 방법을 알아냈다. 그들은 빠르게 팀원 간의 업무를 공유하고 팀 전용 폴더, 메일 등을 활용하여 즉각 소통한다. 서로 끊임없이 커뮤니케이션을 하면서 업무 진행 상황을 공유하고 그 과정에서 자연스레 서로의 상황을 이해할 수 있다. 옆 동료가 바쁠 땐 내가 도와주고, 도움을 받은 동료는 다음번엔 알아서 도우려 나선다. 이로 인해 조직 생산성이 높아지고, 부족한 점을 서로 보완할 수 있다. 결국 개인의 성과가 조직 전체에 긍정적인 영향을 미쳐 조직의 목표 달성에 기여하게 된다.

앞의 사례는 의사소통 능력이 단순히 개인의 성과에 그치지 않고, 조직의 성과에도 기여를 한다는 것을 보여준다. 의사소통 능력은 대화뿐만 아니라 글에서도 중요하다. 이는 단연코 직장에서 신뢰받는 일잘러로 자리매김하는 첫 번째 덕목이다. 이제 당신이 의사소통 능력을 향상시킬 수 있는 방법을 알아보자.

그 전에 의사소통 능력이 무엇인지부터 생각해 보자. 무엇을 시작하기 전에 먼저 그 단어의 정확한 의미를 찾아보는 것이 좋다. 글 쓰는 사람에게는 더 유용한 습관이다. 머릿속으로 알고 있는 듯해도 설명하려면 흐릿할 때가 있다. 그때 사전적 의미를 찾아보자.

직장 생활에서 필요한 의사소통 능력이란 무엇일까? 다음은 국가직무능력표준NCS에서 정의하는 의사소통 능력이다.

"상대방과 대화를 나누거나 문서를 통해 의견을 교환할 때, 상호간에 전달하고자 하는 의미를 정확하게 전달할 수 있는 능력"

포인트는 '의미를 정확하게 전달하기'다. 아무리 많은 말과 글이 오갔어도 서로 의미를 달리 이해하면 소통이라고 할 수 없다. "내가 무슨 말을 했느냐가 중요한 게 아니라 상대방이 무슨 말을 들었느냐가 중요하다"라는 피터 드러커 교수의 명언도 있다. 무엇이든 정확하게 전달하는 습관을 들이자.

의사소통 능력을 갖추는 3가지 방법

이제 직장에서 의사소통 능력을 갖출 수 있는 구체적인 방법을 알아보자.

첫째, 소통의 기본은 경청이다

상대의 뜻을 정확히 파악하는 게 의사소통의 시작이기 때문이다. 먼저, 상대의 말을 경청해야 한다. 집중은 필수다. 직장 상사가 업무를 설명할 때 상사가 쓰는 단어, 목적, 배경, 기한과 같은 내용을 집중해서 듣는 게 먼저다. 이때 잠시라도 다른 생각을 했다간 흐름을 놓치고 만다. 상사에게 다시 설명해 달라고 할 자신이 없다면 집중해서 듣자. 다만 경청을 하더라도 모르는 부분이 생길 수 있다. 이때는 흐름을 깨지 않는 선에서 질문해야 한다. 질문을 두려워하지 말자. 잘못 이해하고 다른 방향으로 업무를 하는 게 더 두려운 일이다. 올바른 방향성 체크는 필수다.

그런데 무작정 듣는다고 경청이 되는 것은 아니다. 표면적인 언어의 의미에만 집중해선 안 된다. 말 속에 숨겨진 의미를 파악해야 한다. 몸짓, 표정, 말투와 같은 비언어적 신호에도 집중해야 하는 이유다. 예를 들어, 다투고 있는 연인이 있다고 하자. A가 B에게 묻는다. "왜 화가 난 거야?" B는 A의 눈도 마주치지 않은 채 굳은 얼굴로 대답한다. "아냐, 신경 쓰지 마."

이 상황에서 A는 어떻게 해야 더 큰 싸움을 막을 수 있을까?

1) B의 말대로 신경 쓰지 않는다.

2) B가 화났음을 직감하고 부드럽게 대화를 시도한다.

훌륭한 연인이라면 2번이 답이라는 것을 알고 있다. 1번을 골랐다면, 안타깝지만 출제자의 의도를 제대로 파악하지 못했다. 경청은 상대의 말을 그저 듣는 것을 넘어 올바른 의도를 헤아려야 한다. 앞뒤 상황도 고려해야 한다. 맥락을 이해하려면, 평소에도 주변 사람들의 말을 귀 기울여 듣는 습관이 필요하다. 경청도 습관이지만, 딴생각도 습관이다. 기억하자. 의사소통 잘하는 첫 번째 스텝은 무조건 경청이다.

둘째, 중간보고는 필수다

당신은 앞에서 이야기한 경청을 통해 상사의 의도를 파악했다. 이제 자리에 돌아와 자료를 작성하기 시작하는데, 의문이 생긴다. 아까 상사의 말을 들을 때만 해도 A가 맞다고 생각했는데, 자료를 작성하다 보니 A가 아닌 B가 맞을지도 모른다는 의심이 든다. 시간이 더 흐르면 C일지도 모른다는 생각도 든다. 이처럼 확신이 들지 않는 건 어찌 보면 당연한 일이다. 상사와 당신은 엄연히 다른 사람이기 때문이다.

처음부터 완벽하겠다는 생각을 버려야 한다. 물론 한 번에 상사가 원하는 완벽한 자료를 만들어가면 더할 나위 없다. 그렇지만 분명 쉽지 않은 일이다. 내 생각대로만 보고서를 써서 가져가면, 상사가 보고서에 빨간펜으로 고칠 부분을 잔뜩 표시하는 불상사가 생길지도 모른다. 5일 안에 완성해야 하는 자료를 4일 차에 가져가지 말자. 기한 마지막 날에 하는 보고는 최악이다. 1~2일 차에 가져가서 검토를 요청하자. 보고 잘하는 사람은 100% 완성된 보고서를 기한 마지막 날에 제출하지 않는다. 초안이나 중간 버전을 가지고 중간보고를 한다. 잘못된 방향으로 자료를 작성하지 말자. 기한이 다가와서 상사의 피드백을 듣게 된다면? 그땐 이미 고치기 늦은 시점이다.

상사에게 아래와 같은 피드백을 들어본 적이 있는지 체크해 보자.

"그때 말한 그건 어떻게 되어가고 있나?"

"내 말은 그런 뜻이 아니었는데…."

"왜 그때 말한 내용이 반영이 안 되어 있어?"

중간보고를 제때 하지 않았을 때 나오는 반응이다. 하나라도 들어봤다면 당신에게 필요한 처방은 중간보고다.

함께 일하던 동료 중 매일같이 야근을 하는 동료가 있었다. 무엇 때문에 긴 시간 야근을 하는지 물어봤더니, 보고서를 쓴다고 했다. 그렇다고 팀에서 그 동료만 보고서를 많이 쓰는 건 아니다. 유난히 힘들어하는 그 동료의 불만은, 팀장님에게 보고서를 보여주면 처음부터 끝까지 고쳐오라고 한다는 것이다. 기한이 얼마 남지 않은 상황에 보고서를 다 고치려니 야근을 해도 시간이 모자랄 정도였다. 동료는 상사가 지시를 하면, 완성할 때까지 보고를 미뤘다. 특히 완벽주의자 중에 이런 유형이 많다. 걱정 많고 소심한 성격까지 더해지면 더욱 그렇다. 나 역시 소심해서 이런 상황을 겪었다. 그렇다고 매번 사사건건 보고를 하라는 건 아니다. 전체적인 내용을 작성했다면 방향성 확인을 위해 중간보고를 하자. 완벽하지 않아도 좋다. 사소한 팁이 있다면 되도록 초안을 직접 인쇄해서 들고 가도록 하자. 이메일로 검토해 달라고 보내면 바쁜 상사는 늦게 확인하거나 놓칠 수도 있다. 이메일보다는 하드카피가 더 눈에 잘 들어온다는 장점도 있다. 상사도, 나도 전체적인 흐름과 세부 내용을 확인하기 좋은 방식이다. 게다가 상사가 직접 펜으로 어느 부분을 고쳐야 하는지 피드백을 줄 확률이 높다. 상사의 빨간펜 흔적이 남은 보고서를 보면 더 쉽게 피드백을 떠올릴 수 있다.

기억하자. 중간보고는 당신의 퇴근 시간을 줄여준다. 방향성을 잘못 짚은 업무로 시간 낭비하지 말자.

셋째, 결론부터 말하자(쓰자)

직장 생활의 소통은 '두괄식'이어야 한다. 쉽게 말해 결론부터 말해야 한다. 신입 사원 때 선배에게 가장 많이 들은 조언 중 하나이기도 하다. 상사는 바쁘다. 그가 당신에게 집중할 수 있는 시간은 결코 길지 않다. 신경 쓸 일이 아주 많기 때문이다. 정해진 시간 내 자신의 일도 해야 하고, 각 팀원도 관리해야 하고, 성과도

내야 한다. 팀장이 10명의 팀원과 일한다고 하자. 팀원이 각자 한 가지씩만 보고 해도 10가지 이슈를 듣게 된다. 그러니 대부분 성격이 급하다. 바쁜 상사에게 미괄식으로 구구절절 배경부터 설명하면 눈치 없다는 말을 들을 수 있다.

예시 눈치 없는 팀원의 보고

"팀장님, 혹시 바쁘신가요? 잠깐 드릴 말씀이 있습니다. 다른 건 아니고, 지난주에 진행한 ○○ 프로젝트 관련해서요. 경영지원 담당자랑 확인해 봤는데요, 별다른 이슈는 없다고 합니다. 비용을 쓴 내역은 A, B, C, D입니다. 그래서 총 얼마냐고요? 네, 2천만 원입니다. 그래서 말인데 품의…"

상사는 이 말을 듣는 내내 "그래서, 결론이 뭔데?"가 목 끝까지 올라온다.

예시 센스 있는 팀원의 보고

"팀장님, ○○프로젝트 비용 집행 품의 결재 부탁드립니다. 비용은 2천만 원이고, 경영지원 담당자와 내역 문제없음을 확인했습니다. 상세 내역은 품의에 기재하였습니다. 재무팀에서 내일 2시까지는 결재가 완료되어야 비용이 집행된다고 합니다. 품의 검토해 주시고 결재 부탁드립니다."

결론부터 말한다. 상사의 집중력이 5초일지라도 알아들을 수 있다. '아, 비용 품의 결재해 달라는 거군.' 그다음 중요한 순서대로 내용을 설명한다. 직원이 보고하는 의도는 이해했고, 상세 내용은 품의로 확인할 수 있다. 상사도 나도 편한 소통 방식이다.

말하기뿐 아니라 메신저, 메일, 보고서 등의 글쓰기도 마찬가지다. 비즈니스 글쓰기는 두괄식이 좋다. 물론 모든 글이 두괄식이어야 하는 건 아니다. 에세이나 소설을 쓸 때는 미괄식으로 쓸 수도 있다. 이런 종류의 글에는 대부분 정답이 없기 때문이다. 하지만 비즈니스 글쓰기에서는 대체로 두괄식이 정답이다. 상황에 따라 두괄식보다 다른 방식이 나을 때도 있지만, 소수의 경우에 불과하다.

시간 낭비를 좋아하는 상사는 결코 없다. 내가 만난 상사들도 하나같이 성격이 급했다. 직장에서 높이 올라가려면, 성격이 급해야 하나 싶을 정도였다. 나도 성격이 꽤 급한 편이니, 곧이어 두괄식 비즈니스 글쓰기 방법을 알아보자.

정리하면, 의사소통 능력은 갖추면 더 좋은 '부가 역량'이 아니라, 성과와 직결된 '필수 역량'이다. 경청, 중간보고, 두괄식 쓰기라는 세 가시 원칙을 잘 적용하자. 일살러의 첫 번째 넉복을 갖추게 될 것이다. 이 원칙을 이해했다면 당신은 이제 한 단계 더 성장할 준비를 마쳤다.

TIP

두괄식 비즈니스 글쓰기 방법

1. 핵심 메시지 먼저 제시

간단명료하게 핵심을 전달한다. 상사가 취하는 액션이 곧 핵심 메시지다. "팀장님, 비용 품의 결재 부탁드립니다"와 같은 메시지다. 상사가 딱 한 문장만 들어야 한다면? 그 문장을 핵심 메시지로 고르자. 글과 말의 가장 중요한 한 가지 KEY 메시지다. 그 문장을 맨 앞에 배치하자.

2. 세부 사항

중요한 문장을 쓴다. 앞서 '비용 품의 결재'를 요청했다. 상사가 그 다음 궁금한 내용이 여기에 온다. 만약 모든 것을 담기에 내용이 길어진다면, 참고 자료에 세부 사항을 기재하고, 이를 언급한다.
"비용은 2천만 원이고, 경영지원 담당자와 내역 문제없음을 확인했습니다. 상세 내역은 품의에 기재하였습니다."

3. 결론 요약

끝부분에 핵심 메시지나 결론을 요약하고 다시 강조한다. 상대가 놓치면 안 되는 정보를 포함해야 한다. 기한이 있다면, 반드시 이를 명시하자.
"재무팀에서 내일 2시까지는 결재가 완료되어야 비용이 집행된다고 합니다. 품의 검토해 주시고 결재 부탁드립니다."

04 대체 불가한 역량, 전문성

문제가 생겼을 때 가장 먼저 떠오르는 사람

업무상 어떤 문제가 생겼을 때, 당신은 누가 가장 먼저 떠오르는가? 사람들은 누구를 찾아갈까? 다음 에피소드는 회사에서 흔히 발생할 수 있는 상황이다.

회사의 메인 고객인 중국 거래선과 이슈가 생겼다. 거래 중 납기 문제가 발생한 것이다. 고객사와 약속한 시간 내 제품 수출이 불가해 보인다. 거래선은 빠르게 제품을 받아야 한다며 불만을 쏟아냈다. 담당자는 당황한다. 이때 최 과장이 말한다. "이 문제라면,

김 대리한테 물어보자. 중국 수출 관련해서 전문가잖아. 수출 경험도 많고, 회사 중국 고객사 관련 보고서는 대부분 김 대리가 썼어." 팀원 모두 고개를 끄덕인다. 최근 김 대리는 '중국 고객사의 이해'라는 주제로 강의안도 만들고, 사내에서 강의도 했기 때문이다. 차기 주재원 후보로도 거론될 정도다. 자연스레 회사에서 '중국', '수출' 같은 키워드에 김 대리가 떠오른 것이다.

이처럼 직장에서는 전문가가 되어야 일 잘하는 사람으로 인정받는다. 특정 문제의 해결사로 가장 먼저 떠오르는 사람, 그 분야에서 잘한다고 소문난 사람, 회사는 이 사람을 대체하기 어려운 인재로 여긴다. 그러면 승진을 할 때도, 연봉 협상을 할 때도 유리하다. 협상에서 우위를 차지한다는 이야기다. 직장인의 몸값에 아주 중요한 부분이다.

그렇다면 어떻게 전문성을 인정받을까? 두 가지 조건을 충족해야 한다. 첫째, 역량을 보유할 것. 둘째, 역량을 드러낼 것.

업무 자료 작성으로 역량을 쌓자

전문성을 인정받는 첫 번째 방법은 역량을 보유하는 글쓰기를 하는 것이다. 직장에서 역량을 보유하려면 한 분야의 업무를 오래 담당하며 경력을 쌓아야 한다. 그럼, 시간만이 답일까? 꼭 그렇지는 않다. 경력 기간만 긴 직원이 있고, 그에 비해 경력 기간은 비교적 짧지만 전문성을 인정받는 사람도 있다. 사실 회사에서 연차가 오래되었다고 해서 모두 '전문가'라 부르진 않는다. 경력이 길지 않음에도 선배를 추월하는 추격자도 있다. 이 상황을 쉽게 경력 추월이라 해보자. 경력 추월을 위해서는 많은 역량이 요구된다. 앞서 살펴본 의사소통 능력이나 바로 다음 장에서 살펴볼 문해력 그리고 자동화 툴이나 생성형 AI 등 최신 기술을 잘 쓰는 것도 이에 해당한다. 폭발적으로 업무 역량을 끌어올릴 수 있기 때문이다. 이 모든 경력 추월 역량의 공통적인 도구 역시 글쓰기다.

폭발적인 성장을 하는 글쓰기 방법이 있다. 우선 자신이 맡은 업무를 지속적으로 정리하고 기록하는 것이다. 예를 들면 업무 일지가 있다. 이 방법은 뒤죽박죽인 머릿속 업무 지식을 체계화한다. 업무 역량을 올리는 최적의 방법이라 할 수 있다. (작성 방법은 뒤에서 자세히 다루겠다.)

그 외에 새로운 업무 자료를 만드는 방법도 있다. 업무의 특정 주제로 아티클을 써보거나, 유용한 정보를 담은 자료를 만들어보자. 물론 아티클 작성은 결코 쉽지 않은 일이다. 전체적인 논리 구조와 흐름을 봐야 하기 때문이다. 이미 알고 있는 내용도 다시 봐야 한다. 익숙하게 느끼던 단어의 정의를 다시 찾아보는 일도 생긴다. 이 과정에서 심도 있게 조사하고, 논리에 허점이 없는지 확인한다. 말과 달리 글은 기록으로 남기 때문에 이러한 검증의 과정을 거친다. 알고 있는 정보가 정확한지, 믿을 만한 자료인지 출처를 조사하기도 한다. 여기에 자신의 견해를 얹어 나만의 글을 쓰면 된다. 이 과정에서 주제를 심도 있게 공부할 수도 있다. 결과적으로 업무 자료 작성은 해당 분야의 전문가가 되는 지름길이다.

어떤 업무를 최대한 빠르게 배우고 싶을 때 이 방법을 쓰면 효과적이다. 특히 신입 사원 때는 자신의 부족함을 깨닫는 나날의 연속이다. 잘하고 싶은 마음은 가득하지만 업무 지식은 한참 부족하다. 바쁜 선배들에게 모든 걸 물어볼 순 없었다. 그들과 그나마 비슷한 수준이라도 되기 위해 업무 자료를 만들기 시작했다.

인사팀에서 채용을 담당할 때였다. 당시 팀장님의 가장 큰 고민은 '어떻게 하면 많은 사람이 우리 회사에 지원하게 할 수 있을까?'였다. 이름만 들어도 아는 대기업은 지원자가 넘친다. 반면 대중에게 유명하지 않은 회사, 혹은 규모가 크지 않은 기업은 어떻게 하면 많은 인재가 우리 회사를 지원하게 할지 고민한다. 당시 팀장님이 내게도 의견을 물었지만 바로 대답할 수 있는 문제가 아니었다. 업무 지식도 경험도 거의 없던 저연차 직원이었기 때문이다. 시간이 필요한 문제인 걸 알지만, 최대한 빠르게 배우고자 했다. 퇴근 후 국내외 채용 현황을 찾아보면서 취업 준비생들은 어떤 회사를 가고 싶어 하는지, 어떤 경로로 지원하는지 조사하고 배운 내용을 '00회사 채용 활성화 방안'이라는 제목으로 10장 분량의 자료를 만들었다. 조사한 자료에 더해 해당 회사에 적용할지 고민한 의견도 담았다. 사서 고생한다고 할 수 있지만, 돌아보면 사서 배우는 과정이었다. 이후 단순 업무 외 기획처럼 아이디어가 필요한 일이나 채용 관련 글을 쓰는 업무를 받기 시작했다. 이렇게 고단하지만 유익한 경험이 모이면 업무 전문성을 쌓을 수 있다.

배워서 남 주기: 역량을 공유하자

전문성을 인정받는 두 번째 방법은 역량을 공유하는 것이다. 직장에서는 역량이 잘 드러나도록 어필하는 노력도 반드시 필요하다. 그중에서도 '전문성' 어필이 가장 좋은 방법이다. 역량을 어필하는 방법은 아이러니하게도 역량을 쌓는 방법과 동일하다. 역량을 쌓는 방법은 양질의 자료나 보고서를 많이 쓰기였다. 여기에 하나만 더하면 된다. 바로 '공유하기'다.

한 분야의 책을 많이 낸 작가는 자연스레 그 분야의 전문가로 인정받는다. 어떤 한 작가는 유튜브에 관한 책을 냈다. 그 이후로 유튜브 관련 강의 제안을 셀 수 없이 받았다고 한다. 재밌는 사실은 정작 그 작가는 유튜브 채널을 운영하지 않는다고 한다. 유튜브를 잘해서 책을 낸 게 아니라, 방법론을 조사해서 책을 낸 것이다. 전문가로 인정받는 데는 역량을 보유하는 것보다 역량을 보여주는 행위가 중요하다는 예시다.

직장인도 마찬가지다. 많은 직장인은 이미 업무 역량을 보유하고 있다. 거기서 그치지 말고 한 단계 나아가야 한다. 몸담고 있는 분야의 자료를 많이 읽고 써야 한다. 보고서를 쓸 일이 생기면 차라리 기회라고 여기자. 물론 보고서를 쓰는 일은 분명 스트레스다. 보고서 쓰기를 좋아하는 직장인은 없을 것이다. 나 역시 그랬고, 주변 동료들도 마찬가지였다. 그렇지만 보고서는 기록으로 남는다. 게다가 잘 쓴다면 더 많이, 더 오래 남는다. 양질의 자료는 공유될 확률이 높기 때문이다. 자료를 이용해서 직장 상사를 설득할 수 있고, 원하는 의사 결정을 받을 수 있다.

자료가 모여 성과를 만든다. 그 성과가 쌓여 나를 대체 불가한 직원으로 만들어준다. 결국 진급을 하고, 연봉 협상에서도 유리해진다.

만약 쓸 기회가 많지 않다면 스스로 만들면 된다. 이런 의문이 들지도 모른다. "아무도 안 시켰는데, 어떻게 써요?" 마치 개그맨 조세호가 유명 연예인 결혼식에 왜 안 왔냐는 말에 "모르는데, 어떻게 가요?"라고 대답한 것처럼 말이다. 결혼식은 초대받지 못하면 가기 어렵지만, 업무 자료 작성은 기회를 만들 수 있다.

지나가는 작은 기회를 포착하자. 업무 중 상사나 동료가 언급하는 내용을 귀담아듣자. 내가 업무 자료를 만들어 공유했듯, 상사가 직접적으로 지시하지 않더라도 자료를 만들어 공유할 수도 있다. 의사 결정이 필요할 때 약식으로 보고서 형태로 써서 의사 결정을 받을 수 있다. 또는 자율적으로 업무 관련 동향이나 알아두면 좋을 정보를 모아 자료로 만들 수 있다. 이런 자료는 유관 업무를 하는 동료에게 공유하면 서로 도움이 된다.

중요한 건 특정 분야의 글을 '지속적으로', '많이' 써야 한다. 전문가라서 쓰는 게 아니라, 쓰다 보면 전문가가 된다. 전문가라는 이미지를 주기에 직접 쓴 글만큼 좋은 건 없다. 나만 알기 아까운 정보를 남도 알았으면 하는 이타적인 마음을 담아서 남에게 아낌없이 공유하자. 신기한 건 쓰다 보면, 점점 시야가 넓어진다. 회사 내에서만 쓰던 보고서 노하우를 '블로그에 써볼까?' 하는 생각도 든다. 그렇게 쓰다 보면 '이거 책으로 내도 되겠는데?' 하는 생각도 든다. 업무 노하우를 전자책이나 강의로 만들어 수익을 낼 수도 있다. 시키지도 않았는데 자발적으로 자료를 만드는 직원. 회사에 이런 직원은 흔치 않다. 게다가 일목요연하게 잘 썼다면 어떨까. 이를 본 상사는 냄새를 맡을 것이다. 일잘러의 강한 향기 말이다.

여기서 현실적인 의문이 든다. 맡은 일을 하기도 바쁜데, 그 와중에 굳이 나서서 자료를 만드는 게 의미가 있을까? 결론부터 이야기하자면, 이 작업은 당장은 시간 낭비처럼 느껴질 수 있지만 알고 보면 오히려 시간을 아껴주는 도구다. 비즈니스 글쓰기는 처음에는 많은 시간이 들지만, 스킬이 늘고 익숙해지면 시간이 크게 단축되기 때문이다. 게다가 양식이나 패턴을 정해놓고 내용만 바꿔도 다양한 글을 빠르게 쓸 수 있다. 대부분 직장에서 자주 쓰는 양식과 패턴은 비슷하기 때문이다. 따라서 자료는 장기적으로는 시간을 단축시켜 주고, 일을 더 효율적으로 할 수 있게 한다.

그뿐이 아니다. 작은 시간 투자가 큰 결과를 만들어준다. 하루 15분, 30분의 글이 모여 여러 기회를 만든다. 앞에서도 살펴봤듯이 글쓰기는 '급하지 않지만 중요한 일'이기 때문이다. 미래를 위한 투자다. 높은 확률로 전문성을 인정받아 좋은 평판, 승진, 연봉 상승이라는 결과를 가져다줄 수 있다. 결코 시간 낭비가 아니다.

정보를 나만 알고 있으려는 사람이 성공하는 시대는 지난 지 오래다. 영향력이 곧 성공인 시대다. 아낌없이 공유할수록 자신의 영향력이 커진다. 그러다 문제가 생겼을 때, "이 문제는 김 대리가 알 거야"라는 말을 들을 수 있다. 그때쯤 당신은 회사에서 대체 불가한 전문가가 되어 있을 것이다. 그날을 위해 오늘부터 당장 작은 기록이라도 시작해 보자. 그 기록이 모여 결국 당신을 전문가로 만들어준다.

05 쓰기만큼 중요한 스킬, 문해력

국민 5명 중 1명, 한글을 읽어도 모른다?

'이렇게 심각한 일에 심심한 사과라뇨, 난 하나도 안 심심합니다.'

'사흘 연휴면 4일 쉬는 것 아닌가요?'

우리말의 뜻을 제대로 알지 못해서 일어난 웃지 못할 해프닝이다. 심심한 사과의 심심甚深은 '마음의 정도가 매우 깊고 간절하다'라는 뜻이다. 이를 '할 일이 없어 지루하고 재미없다'와 혼동한 상황이다. 사흘은 '날이 세 번 지나간 시간' 곧 3일을 뜻하는 순우리말이다. 앞에 '사'라는 말이 붙어서 4일이라고 헷갈리는 경우가 종종 있다. 참고로 4일은 '나흘'이다.

이러한 상황은 바로 '문해력 부족' 때문이다. 문해력은 쉽게 말해 '글을 읽고 이해하는 능력'을 말한다. 한국인이라고 해서 모두 한국어를 제대로 이해하고 있지는 않다. '성인 문해 능력 조사'에 따르면 성인의 5명 중 1명은 일상생활에 필요한 충분한 문해력을 갖추고 있지 않다.

점점 많은 사람이 문해력을 갖추지 못한 이유는 디지털 매체의 확산 때문이다. 짧은 콘텐츠에 익숙해지면서 긴 글을 읽는 능력은 떨어지고 있다. SNS에는 짧은 영상과 이미지, 짧은 문구의 콘텐츠가 주류를 이루고 있다. 2시간짜리 영화는 10분 요약 영상으로, 10분짜리 영상은 1분 내의 쇼트 폼으로 압축되는 시대다.

책을 읽는 독서 인구 비율도 낮아지고 있다. 최근 한국 독서 인구 통계에 따르면, 성인의 절반 이상이 지난 1년 동안 책을 한 권도 읽지 않았다. 성인 문해력이 현저히 낮은 이유는 당연한 결과일지 모른다.

디지털 리터러시를 갖춘 직장인이 살아남는다

이와 더불어 디지털 리터러시(디지털 문해력)가 중요한 역량으로 떠오르고 있다. 디지털 리터러시는 디지털 환경에서 정보를 수

집하고, 분석하며, 이를 올바르게 활용하는 능력을 의미한다. 정보 과부하 시대에 살고 있는 현대인은 디지털 리터러시를 갖추고 가짜 뉴스나 잘못된 정보에 현혹되지 않고, 신뢰할 수 있는 정보를 선별할 수 있어야 한다.

실제로 많은 직장인이 이메일, SNS, 협업 툴 등 디지털 도구를 사용하여 일한다. 디지털 리터러시 능력을 높이기 위해서는 꾸준한 정보 검색과 검증 능력을 기르는 것이 중요하다. 이를 위해 평소 다양한 디지털 콘텐츠를 접하면서 최신 기술과 친해지고, 이를 비판적으로 분석하는 훈련이 필요하다. 무분별하게 주어지는 정보 중에 필요한 정보를 걸러내고, 신뢰할 만한 정보인지 확인하는 절차는 필수다. 정보의 출처를 확인하고 왜곡된 내용이 없는지 확인하는 습관을 들이자. 앞으로도 계속 정보는 더 많아지고, 정보에 접근하기 쉬워질 것이다. 결국 디지털 리터러시 역량을 갖춘 직장인이 살아남는다.

문해력은 업무 능력을 좌우한다

사실, 글쓰기만큼 중요한 능력은 바로 문해력이다. 단순히 글자를 읽을 줄 아는 능력을 넘어, 그 글이 내포하고 있는 함축적 의미도 해석할 줄 알아야 한다. 논리적으로 맞는지 판단할 줄 아는 비판적 사고도 필요하다. 문해력은 직장에서 업무 성과와 밀접한 관련이 있기 때문에 매우 중요한 스킬이다.

왜 직장인에게도 문해력이 중요할까? 먼저, 일잘러의 첫 번째 덕목인 의사소통 능력을 향상시키기 위해서다. 상사의 요구를 명확히 이해하고 소통할 수 있기 때문이다. 또한 업무 중 다양한 문제를 해결하는 데도 문해력이 필수다. 문제가 발생했을 때 원인을 분석하고 해결책을 찾는 데도 문해력이 필요하다.

리더십 측면에서도 문해력은 중요한 역할을 한다. 팀을 이끌기 위해서는 목표를 명확히 이해하고, 이를 팀원에게 정확히 전달할 수 있어야 하기 때문이다. 실제로 문해력이 높은 사람이 직장에서 더 높은 평가를 받고 승진 기회를 얻는 경우가 많다. 높은 문해력을 가진 사람이 낮은 문해력을 가진 사람보다 평균 시급이 60% 이상 높고, 취업할 확률도 2배 이상 높다는 조사 결과도 있다.

문해력을 높이는 3가지 방법

그렇다면 문해력을 어떻게 높일 수 있을까? 문해력은 후천적으로 개발할 수 있는 능력이다. 다음의 3가지 방법을 통해 문해력을 높일 수 있다.

첫째, 독서

가장 확실한 방법은 독서다. 책을 읽으면서 이야기의 흐름을 따라가며 저자의 의도를 파악하게 된다. 이 과정에서 어휘력도 자연스럽게 향상된다. 긴 글을 읽으며 집중력과 기억력도 개선된다. 짧은 콘텐츠에 길들여졌다면, 긴 글을 읽는 훈련을 해야 한다. 집중력은 물론 기억력도 좋아진다. 또한 다양한 정보를 접하면서 여러 분야의 배경지식을 쌓을 수 있다. 배경지식이 쌓이면 다방면의 글을 이해하기 수월하다. 독서는 문해력을 높이는 가장 기본적인 방법이다.

둘째, 글을 읽고 요약하기

긴 글 읽기가 익숙해졌다면, 읽은 내용을 요약해 보자. 요약하려면 전체 흐름을 이해해야 하며, 핵심 정보를 선별하는 능력도 필요하다. 짧게 요약하는 훈련을 통해 복잡한 글에서도 핵심을 쉽게 파악할 수 있게 된다. 그러니 글을 읽을 때 한 문장으로 요약해 보자. 긴 글이라면 3문장으로 요약해 봐도 좋다. 훈련이 되면 점점 글의 핵심을 파악하기 쉬워진다. 업무 자료에서도 핵심을 파악하고, 상사의 의도도 파악하기 수월해진다. 회사에서 종종 보고를 하거나 발표를 할 때도 도움이 된다. 모든 보고나 발표는 주제를 '한마디로 정리'할 수 있어야 한다. 결국 요약 연습은 문제를 쉽게 설명하고, 명확하게 소통할 수 있는 힘이 된다.

셋째, 경청과 대화

문해력을 향상시키는 방법으로 경청과 대화가 있다. 다른 사람의 말을 주의 깊게 듣는 것부터가 시작이다. 대화의 과정에서 상대방의 의도를 파악하고, 자신의 생각을 논리적으로 말할 수 있는 능력을 기르게 된다. 다양한 매체를 경청하면서 새로운 정보도 접할 수 있다.

이는 다양한 매체의 뉴스, 강연, 팟캐스트 등을 통해서도 연습이 가능하다. 정보를 접할 때 경청해 보자. 이 연습을 하면서 말을 듣고 이해하는 능력을 향상시킬 수 있다. 또한 다양한 사람과 대화를 많이 하는 방법도 도움이 된다. 말하는 사람의 의도를 파악하고, 자신의 생각을 조리 있게 말하는 연습을 하자. 서로의 의견을 주고받고 토론하는 과정에서 생각을 구조화하고 표현할 수 있게 된다.

06 원하는 것을 얻는 힘, 설득력

글쓰기는 직장 내 의사 결정의 핵심 도구다

거의 모든 직장인은 홀로 일하지 않는다. 내부든 외부든 관련된 사람들과 유기적으로 일을 한다. 그렇다 보니 협업 과정에서 불가피하게 의견 차이가 생기기 마련이다. 상호 간 조율이 최선이지만, 때로는 나의 의견을 내세워 상대를 설득해야 하는 순간도 있다. 프로젝트를 승인받아야 할 때, 이해관계에서 중요한 의사 결정을 앞두고 있을 때, 상대방과 갈등을 해결하고 타협점을 찾아야 할 때 등 모두 설득력이 있어야 원하는 결과를 얻을 수 있다.

이런 의미에서 직장 내 글쓰기는 협상 과정에서도 중요한 도구로 작용한다. 잘 쓴 글은 상대방의 관심을 끌 수 있고, 복잡한 정보를 알기 쉽게 전달할 수 있기 때문이다. 때로는 중요한 의사 결정을 이끌어낼 수 있는 강력한 수단이 되기도 한다. 예를 들어, 설득력 있는 제안서를 통해 프로젝트를 승인받을 가능성이 높아지며, 잘 쓴 이메일은 협업을 원활하게 돕는다. 이처럼 설득력 있는 글은 상대방의 공감을 얻고, 결국에는 원하는 바를 얻을 수 있는 협상의 중요한 수단이다.

먼저, 설득의 원칙을 생각해 보자. 주장의 논리적인 근거와 신뢰성이 뒷받침되어야 한다. 글은 이 두 가지 모두 담을 수 있는 최적의 수단이다. 대체로 사람들은 말보다 글로 제시된 정보에서 더 많은 신뢰를 느끼는 경향이 있다. 일반적으로 서면에 기록한 내용은 정확성과 일관성을 가지고 있기 때문이다.

또한 문서는 여러 번 읽고 재확인할 수 있다는 점에서 더 깊은 인상을 남길 수 있다. 직장에서 설득력이 있는 글을 쓴다는 사실은 곧 자신에게 유리한 의사 결정을 이끌어낼 수 있음을 의미한다. 이 의사 결정으로 성과를 내면, 그 성과는 회사 내에서 평가의 기준이 된다. 회사는 신뢰할 수 있는 결정을 내리고, 이로 인해 성과를 창출할 수 있는 사람을 높이 평가한다. 중요한 보고서나 제안서로 적절한 의사 결정을 이끌어낸다면, 자연스럽게 리더십과 책임감을 인정받게 된다. 추후 승진이나 연봉 협상에서도 유리하게 작용한다. 결과적으로 설득력 있는 글로 이뤄낸 의사 결정은 개인의 커리어 성장에 중요한 역할을 한다. 뛰어난 글쓰기 역량으로 자신에게 유리한 상황을 만들 수 있으며, 이는 연봉 협상에서도 긍정적인 영향을 미칠 수 있다.

상대가 원하는 것을 파악하자

그렇다면 협상을 위한 글은 어떻게 써야 할까? 일반적으로 사람들은 '내가 원하는 것'에만 집중하기 마련이다. 내가 원하는 무언가를 얻기 위해 어떻게 해야 할지만 고민한다. 물론 스스로의 목표를 명확히 하는 것도 중요하다. 하지만 '상대가 원하는 것을 파악하는 것'이 협상의 글쓰기에서는 기본이다. '이 사람이 무엇을 원할지, 그걸 내가 어떻게 제공할 수 있을지'를 고민해야 한다.

성공적인 협상을 위해서는 상대방이 원하는 바를 이해하고 그에 맞춰 논리적인 글을 써야 한다. 즉, 단순히 나의 주장을 전달하는 단계를 넘어서 상대방의 관점에서 생각해야 한다. 그들의 관심사와 문제를 내가 어떻게 해결해 줄 수 있는지를 고민해야 한다.

예를 들어, 고객과 협상을 해야 한다고 가정하자. 우리의 목표는 프로젝트 수주다. 고객의 관심사는 비용 절감이다. 그렇다면 제안서에 우리 서비스가 어떻게 효율성을 높이고, 비용을 얼마나 절감할 수 있는지 구체적으로 설명해야 한다. 상대가 해결하고 싶은 문제를 먼저 파악한 후에 그 부분에 집중해서 글을 써야 한다. 이 부분을 놓치고 내가 하고 싶은 말만 해서는 안 된다. 비용 절감 이야기 없이 우리 서비스가 얼마나 우수한지만 강조한다면, 고객을 설득하기 어렵다.

제안서로 예를 들었지만 보고서, 이메일, 메신저 등 다른 글쓰기도 마찬가지다. 짧은 글을 쓰더라도 상대가 무엇을 궁금해 할지, 원하는 게 무엇인지를 잠깐이라도 생각해 보는 습관을 가져보자. 상대가 원하는 바, 그것이 핵심이다. 협상도 설득도 결국은 상대방의 마음을 얻어야 한다. 내가 원하는 방향대로 밀어붙이는 건 일방향 의사소통일 뿐이다. 이 자세로는 상대의 마음을 얻기 어렵다. 아이러니하게도 상대가 원하는 바를 알고 먼저 제시하면 내가 원하는 바도 얻기 수월해진다.

협상 글쓰기의 3가지 전략

이제 구체적으로 협상 글쓰기에 대한 방법을 살펴보자.

첫째, 핵심을 앞쪽에 배치하고 강조하자

협상을 할 때도 핵심을 먼저 말하는 두괄식 표현이 좋다. 때로는 배경 설명을 먼저 해야 하거나, 핵심 내용을 중간 이후에 배치해야 하는 경우가 있다. 그러한 경우는 볼드체나 밑줄 등으로 강조해 주면 상대방이 핵심 내용을 파악하기 더 쉽다. 여기서 핵심 내용은 앞서 언급한 상대가 원하는 포인트와 내가 제안하고 싶은 포인트 두 가지의 교집합이다. 겹치는 영역이 없으면, 두 가지의 유사점을 찾아 연결해 보는 흐름을 구상하자.

둘째, 손실 회피 효과를 이용하자

사람들은 자신이 얻는 것보다 잃는 것에 더 민감하다. 심리학에서는 이를 '손실 회피 효과'라고 부른다. 같은 상황이더라도 '이 제안으로 무엇을 추가로 얻게 해주겠다'는 표현보다는, '이 제안을 거절하면 이런 손실이 발생한다'는 뉘앙스가 효과적이다.

다만, 여기서 주의할 점은 너무 부정적인 표현은 지양해야 한다. 지나친 부정 표현이나 공포를 유발하는 글은 오히려 반감을 살 수 있기 때문이다. '이 제안을 받아들이면, 어떠한 손실을 줄일 수 있는지'를 긍정적으로 표현해 보자. 예를 들어, 고객에게 비용 절감 제안을 할 때 "우리 제품을 사용하면 매월 전기세를 10% 줄일 수 있다"보다는 "이 제품으로 바꾸지 않으면 전기세를 매월 10% 더 낭비하게 된다"가 더 효과적일 수 있다.

셋째, 협상의 성패는 정보의 양과 질에 비례한다

아무리 표현 방식이 뛰어나도 정보가 부족하면 협상에서 불리해진다. 잘 모르는 내용을 억지로 제안하거나, 틀린 정보를 제공한다면 상대방은 신뢰를 잃는다. 따라서 협상을 앞뒀거나 설득을 하려면 양질의 정보를 많이 수집해야 한다. 회사의 프로젝트로 설득이 필요하다면, 회사의 기존 보고서, 재무제표, 고객 피드백 등을 사전 검토하자. 만약 외부 고객과의 협상이 필요하다면 뉴스, 리서치 보고서를 통해 업계 동향 파악이나 경쟁사 분석을 할 수 있다. 설득에 필요한 근거 데이터를 모으는 작업이 반드시 필요하다.

07

좋은 글의 필수 역량, 질문력

글쓰기 전에 질문하기

글을 쓰기 전에 던지는 질문은 독자의 궁금증을 미리 파악하게 도와준다. 이는 글의 주제와 방향성을 결정하고, 핵심을 파악할 수 있게 한다. 미리 질문을 함으로써 읽는 사람이 시각적으로 바라보고, 답을 제공하는 구조로 글을 구성할 수 있다. 이로써 글은 논리력과 설득력을 갖게 된다. 글을 쓰기 전에 끊임없이 질문을 던져보자.

• 글의 독자는 누구인가?

- 독자가 궁금해 하는 이야기는 무엇인가?
- 어떻게 글을 효과적으로 표현할까?

이 질문은 일상에서 글을 쓸 때도 동일하게 적용할 수 있는 물음이다. 이 물음을 보고서에 적용해 보자.

- 보고를 받는 사람은 어떤 사람인가?
- 그가 궁금해 하는 안건은 무엇인가?
- 보고서의 가독성을 어떻게 높일까?

이렇게 어떤 글을 쓰는지에 따라 질문을 응용할 수 있다. 앞에서 예시로 든 질문을 더 구체적으로 쪼개어보자. '보고를 받는 사람은 어떤 사람인가'라는 질문을 쪼개면 다음과 같다.

→ 팀장은 심플한 보고서를 선호하는가.
내용이 상세한 보고서를 선호하는가.

만약 당신의 팀장이 평소 '보고서는 1장으로 만들라'는 피드백을 자주 했다면? 내용이 긴 보고서를 줄여오라는 말을 해왔다면? 이러한 스타일의 팀장에게 제출하는 보고서는 최대한 간결하게 써야 한다.

→ 보고서의 최종 결재권자는 팀장인가,
다른 독자가 더 있는가.

만약 보고하는 프로젝트에 큰 규모의 예산이 필요하다면 어떨까. 큰 규모의 프로젝트는 팀장이 자신의 상사인 사업부장에게도 보고할 확률이 높다. 따라서 사업부장도 잠재적인 독자로 가정하고 보고서를 써야 한다. 팀장 승인 후 따로 사업부장용 보고서를 만들지 않도록 사업부장의 업무 스타일도 미리 고려할 수 있다.

이렇게 준비하면, 팀장도 당신의 보고서를 그대로 자신의 상사에게 보고할 수 있다. 당신은 보고서를 두 번 쓰지 않아도 되며, 빠르게 의사 결정을 받을 수 있다. 상사의 상사까지 생각하는 직원은 흔치 않다. 이 전략은 상사가 당신을 더욱 신뢰하게 만든다.

질문하면서 기르는 비판적 사고

일을 할 때 생각하지 않고 기계적으로 하게 될 때가 있다. 그런데 중요한 업무에서는 비판적으로 생각할 수 있어야 한다. 비판적 사고는 문제의 본질을 파악하고, 효율적인 해결책을 찾게 도와준다. 비판적 사고는 질문을 하면서 기를 수 있다. 일 잘하는 사람은 업무 지시에 단순히 따라가기보다는 질문을 하면서 본질을 파악한다. 일의 목적이나 용도, 디테일을 확인하고 그에 맞는 방법을 찾아 진행한다. 이는 업무에서 더 나은 성과를 낼 수 있는 토대가 된다. 질문으로 업무 프로세스를 개선하고 더 빠르고 효율적으로 업무를 수행할 수 있다. 예를 들어, 프로젝트 일정이 자꾸 늦어진다고 하자. "왜 이 일이 지연되지?" 질문을 던져서 문제의 근본 원인을 찾을 수 있다. 일 잘하는 직장인은 비판적 사고로 질문한다. 이렇게 일하는 사람은 업무 생산성과 효율성이 높다.

그렇다면 비판적인 사고로 업무하려면 어떤 질문을 해야 할까? 먼저, 육하원칙을 기본으로 해야 한다. 그중에서도 특히 중요한 세 가지 질문을 꼽자면, '왜', '누가' 그리고 '언제'다.

첫째, 왜 하는지

일 잘하는 사람은 이 일을 왜 하는지 명확히 이해하고 진행한다. 때로는 상사나 동료가 업무의 목적을 설명하지 않는 경우가 있다. 그런데 업무의 목적은 일의 본질이다. 모른다면 반드시 질문해야 한다. 왜 이 업무가 필요한지 알아야 목적에 맞는 자료를 만들 수 있다. 불필요한 작업을 줄일 수도 있다. 상사의 의도를 잘못 파악하면 일을 두 번 하게 될 가능성이 크다. 반면, 목적에 맞게 처음부터 정확하게 수행하면 시간을 절약할 수 있다.

둘째, 누구인지

문서를 작성할 때 이 자료를 받는 사람이 누구인지 확인해야 한다. 독자의 요구에 맞는 자료를 만들기 위해서는, 자료가 전달될 상대방의 입장에서 생각하는 과정이 필요하다. 예를 들어, 고객사에 보내는 자료에서 우리 회사 내부 용어를 사용하는 것은 지양해야 한다. 내부적으로만 통용되는 정보가 있다면 빠르게 수정해서 고객이 이해하기 쉬운 용어로 바꿔야 한다. 반면, 내부적으로만 쓰이는 문서라면 회사 내 용어를 사용하는 편이 오히려 효율적일 수 있다. 반대로, 독자에 따라 반드시 포함해야 하거나, 포함되지 말아야 하는 정보도 있다. 만약 회사 홈페이지에 공개적으로 게시되는 자료인데, 우리 회사의 대외비나 영업 비밀을 포함해서는 안 된다.

셋째, 언제까지인지

기한은 반드시 확인하고 지켜야 한다. 업무 기한은 직장에서 신뢰성과 직결되는 가장 중요한 약속이다. 아무리 완벽하게 만든 자료도 기한이 지나면 쓸모가 없다. 이처럼 기한은 매우 중요하지만, 일을 지시할 때 기한을 명확히 알려주지 않는 상사도 많다. 일을 받자마자 언제까지 완료해야 하는지 반드시 확인하자. 반대로, 당신이 누군가에게 업무 지시나 요청을 할 때도 마찬가지다. 반드시 기한을 명확하게 이야기하자. 동료 간에도 서로 업무 기한을 확인하지 않으면 계획이 틀어질 수 있다. 복잡한 업무라면, 전체 일정 로드맵을 그려서 관리하자. 일정 준수는 기본이다. 만약 기한 내 업무를 완료할 수 없다면, 사전에 진행 상황을 공유해서 불필요한 문제를 예방하는 방법도 좋은 전략이다.

질문도 잘해야 한다

질문을 한다고 해서 모두가 같은 결과를 얻는 것은 아니다. 오히려 핵심을 벗어나는 질문은 회의 시간만 길어지게 한다. 질문도 잘해야 한다. 무작정 물어보기 전에 알아보는 성의를 보이자. 상대방이 바쁠 경우, 단순히 검색을 해서 알아낼 수 있는 질문은 지양하는 편이 좋다. 조금만 찾아봐도 답을 알 수 있는 질문도 마찬가지다. 질문하기 전에 알아보려는 노력을 하자.

문제의 해결책을 질문하는 경우, 자신의 견해도 함께 이야기하면 더 좋다. 단순히 "이슈가 발생했는데 어떻게 할까요?"라는 질문은 성의가 없어 보일 수 있다. "이슈가 발생했는데 제 생각에는 A라는 이유 때문에 B방법으로 처리하는 게 좋을 것 같습니다. 팀장님 의견은 어떠신가요?"는 앞 질문에 비해 견해가 있어 보이고, 성의도 있는 질문이다.

질문을 잘하는 또 다른 방법은 안건을 미리 파악하는 것이다.

아는 만큼 들리는 법이다. 중요한 정보는 언제나 회의나 업무 진행 전에 파악하자. 자료를 철저히 준비하고 이해하고 있을 때 더 잘 파악할 수 있다. 예를 들어 회의 전에 안건을 미리 파악하고, 모르는 정보가 있다면 자료를 찾아보자. 중요한 포인트를 빠르게 파악하고, 필요한 배경지식을 이해해 두자. 논의를 훨씬 더 잘 이끌어갈 수 있다. 결론적으로, 질문의 깊이가 달라진다.

질문하는 타이밍도 중요하다. 상대방의 말을 끊지 않고, 흐름을 방해하지 않아야 한다. 일반적으로 상대방이 말을 쉬어가는 순간이 가장 적절한 타이밍이다. 타이밍을 놓쳤다면 키워드를 메모해 두었다가 끝날 즈음에 질문하는 방법도 있다. 이렇게 하면, 상대가 말하는 모든 내용을 파악하고 중요한 포인트를 한 번에 질문할 수 있어 효과적이다.

질문을 던질 때, 상사나 동료의 상황이나 업무량을 고려하는 배려도 필요하다. 만약 상사가 바쁜 시기라면, 차후에 따로 질문할 수 있는 시간을 요청하거나, 이메일로 질문을 작성하고 가능할 때 검토를 요청하는 방식도 대안이 될 수 있다.

마지막으로, 부끄럽다는 이유로 질문을 주저하지 말자. 질문은 자신의 부족함을 솔직하게 인정하는 첫걸음이다. 자신의 부족함을 인정하고 질문하는 사람은 성장할 수밖에 없다. 가끔 질문이 두렵거나 부끄러울 수 있겠지만, 그 순간을 넘기고 나면 전보다 더 넓은 시야를 얻게 된다. 따라서 질문하는 사람은 성장할 수밖에 없다. 자신의 부족함을 인정하고 그 부분을 해결하려는 의지가 강한 사람이기 때문이다. 이런 태도는 직장 내에서 신뢰를 쌓는 중요한 요소다. 동료도 올바르게 질문하는 사람을 더 신뢰하게 된다. 그 사람은 일을 정확히 이해하고, 더 나은 방향으로 해결하기 위해 노력하기 때문이다. 잠깐의 부끄러움보다 정확한 일 처리와 배움이 중요함을 아는 사람이다.

질문으로 얻는 것은 단순히 답변에서 그치지 않는다. 그 과정에서 자신의 부족함을 인정하는 용기와 함께, 새로운 시각을 얻을 수 있다. 때로는 답이 아닌 질문 자체가 새로운 해결책을 제시해주기도 한다. 그러니 질문하기를 두려워하지 말자. 모르면서도 질문하지 않는 태도를 두려워해야 한다.

e-mail

report

resume

3장

직장인의 말은 문서다

01

일잘러의 말투, 메신저

4가지가 없는 vs 있는 메신저

김 과장님, 어제 말한 보고서 최대한 빨리 공유해 주세요.

이 문장은 직장에서 자주 범하는 실수를 포함한 메신저의 예다. 이 메시지는 4가지가 없다. 그 4가지를 살펴보자.

첫째, 인사말

메신저는 빠르고 간결한 소통 수단이지만, 인사말은 여전히 필요하다. 생각보다 메신저로 인사말을 생략하고 바로 본론만 이야기하는 경우가 많다. 이미 서로 인사를 나눈 상황이 아니라면, 아무리 바빠도 간단한 인사말을 추가하자. 상대가 메시지를 받았을 때 느끼는 압박감이 줄어들 수 있다. 인사말은 상대를 배려하고, 대화의 시작을 긍정적으로 이끌어가게 도와준다.

둘째, 어떤 보고서가 필요한지

'어제 말한 보고서'라는 표현은 메시지를 받는 입장에서 모호한 표현이다. 김 과장은 여러 개의 보고서를 작성 중일 수도 있다. 바쁜 상황이라면 어떤 보고서를 말하는지 기억하지 못할 수도 있다. 정확한 보고서 이름이나 주제를 언급하자. 정확하지 않은 요청은 상호 간 시간 낭비를 초래할 수 있다.

셋째, 구체적인 기한

'최대한 빨리'라는 표현은 명확성이 떨어진다. 상대가 생각하는 '빨리'와 내가 생각하는 '빨리'의 기준은 다를 수 있다. 김 과장 입장에서는 최대한 빠르게 전달했는데, 받는 사람에게는 너무 늦은 시간이면 문제가 생긴다. 따라서 구체적인 마감 기한을 제시하는 편이 좋다.

넷째, 급한 이유

급하게 요청하는 이유를 알리지 않으면 상대방이 상황을 이해하기 어렵다. 게다가 '최대한 빨리'라는 표현은 상대가 배경도 모른 채 압박감을 느낄 수 있다. 간략하게라도 이유를 덧붙이자. 타당한 이유가 있으면 받는 사람이 더 신속하게 처리할 필요성을 느낀다. 이유를 덧붙이면 메시지가 더 강력해지고, 설득력을 얻는다.

이제 위에 없는 4가지를 더해보자.

> 김 과장님 안녕하세요. A프로젝트 보고서 4시까지 공유해 주실 수 있나요? 팀장님께서 검토하고 내일 오전 중에 사장님께 보고한다고 하셔서 급히 부탁드립니다.

두 메신저는 같은 내용을 요청하는 메신저다. 그런데 4가지를 더 하니 더 탄탄한 메시지가 됐다. 처음의 메시지보다 보완된 메시지를 받았을 때, 김 과장도 더 빠르게 보고서를 공유할 확률이 높다.

놓치기 쉬운 메신저의 특성

메신저를 잘 활용하기 위해서는 먼저 메신저의 특성부터 이해해야 한다.

첫째, 회사에서 메신저는 공식적인 글이다

메신저는 이메일보다 형식에 덜 구애받고, 주고받기 편리하다. 진행 상황을 공유하거나 신속한 대화를 나누기 좋은 수단이다. 비업무 대화도 나누기 편리해서, 메신저는 비공식적인 글이라고 생각하기 쉽다. 그렇지만 이메일처럼 공식적인 업무 대화로 인정될 수 있는 글이라는 사실을 잊지 말아야 한다.

따라서 메신저라고 해서 가볍게 생각하고 불확실한 정보를 공유해서는 안 된다. 메신저로 업무 의사 결정을 내리기도 하고, 메신저에서 주고받은 대화 내용이 업무의 증빙이 되기도 한다. 회사에 따라 차이가 있지만, 많은 회사에서 메신저 내용에 따라 의사 결정을 하거나 업무를 처리한다. 그러므로 메신저 또한 공식적인 글로 인지하고 정확한 정보를 주고받아야 한다. 친한 사이에서 사적인 이야기를 하는 경우가 아닌 업무 대화라면, 맞춤법이나 어투에도 신경을 쓰는 것이 좋다.

둘째, 메신저는 대면이나 전화로 이야기하는 실시간 소통과 다르다

동시에 접속해서 대화하지 않는 이상 '커뮤니케이션 시차'가 발생하기 마련이다. 내가 아무리 급하게 메신저를 보냈다고 해도 상대방이 3시간 뒤에 확인하고 뒤늦게 처리한 경우, 상대의 잘못이라 할 수 있을까? 아니다. 오히려 긴급 상황에서 메신저만 보내 놓고 3시간을 기다린 사람이 비난을 받기 쉬운 게 현실이다. 게다가 이와 같은 상황에서 내가 3시간 전에 상대에게 보낸 메신저가 '안녕하세요'였다고 가정해 보자. 그럼 상대는 긴급한 일이 있다고 예상하지 못하고 '네, 안녕하세요'를 보내놓고 다른 업무를 처리하고, 다음 메신저는 한참 후에 볼지도 모른다. 몇 시간 동안 서로 의미 없는 인사만 주고받았을 뿐, 결론적으로 진전된 일은 없다.

이러한 메신저 커뮤니케이션 시차를 보완해야 한다. 가장 좋은 방법은 '메신저에 필요한 내용을 모두 담기'다.

> 안녕하세요. 마케팅 예산 처리를 오후 6시까지 완료해야 하는데, 김 대리님 부서 예산 2천만 원이 미처리 상태입니다. 6시까지 처리 요청드리며, 불가한 경우에는 사유를 5시까지 회신 부탁드립니다.

이 메신저를 읽은 김 대리는 시간을 확인하고 바로 답변할 확률이 높다. 잘 쓴 메신저는 필요한 내용을 모두 담아서 '추가 질문을 할 필요가 없는 상태'여야 한다. 이메일도 마찬가지다. 물론 가벼운 안부를 주고받거나 중요한 사안이 아닌 경우는 예외다. 혹시라도 신입 사원이 선배에게 밥 먹자는 이야기를 딱딱한 형식에 완결형 메신저로 보내는 상황은 발생하지 않길 바란다.

셋째, 메신저는 오해를 사기 쉬워 어조에 유의해야 한다

왜 오해를 사기 쉬울까? 메신저는 우리가 평소 대화를 하며 상대의 태도를 파악하는 '표정, 몸짓, 목소리 톤' 등이 빠져 있기 때문이다. 메신저로 대화를 나눌 때는 상대의 표정이나 몸짓을 볼 수 없다. 어떤 뉘앙스로 말하는지를 오직 상대의 메시지만 보고 추측해야 한다. 이 때문에 상대의 의도나 태도를 오해하기 쉽다. 이 말은 곧 내가 보낸 메신저도 누군가에게는 오해를 살 수 있다는 뜻이다.

그렇다면 오해를 방지하기 위해 어떻게 해야 할까? 먼저, 메신저에도 영혼이 필요하다는 것을 기억하자. 영혼을 불어넣는 작업은 '매너 있게' 그리고 '말하듯이' 작성해 보는 방법이다. 은어나 가벼운 말투, 지나친 줄임말은 지양하는 편이 좋다. 일반적으로 로봇처럼 딱딱한 어조보다는 부드러운 어조로 영혼을 불어넣었을 때 상대의 마음도 열기 쉽다. 따라서 업무 협조를 얻어내기 수월해진다.

또한 똑같은 내용의 대답이어도 표현에 따라 다르게 느껴질 수 있다. 한때 인터넷에 돌아다녔던 '직장인 넵 지도'만 봐도 알 수 있다. '아' 다르고 '어' 다르듯이 '넵'과 '넹'의 뉘앙스는 다르다. 어떤 대답은 가벼워 보일 수 있고, 어떤 대답은 의욕 넘쳐 보일 수 있다. 단지 '네'에서 'ㅂ'과 'ㅇ'받침 차이일 뿐인데도 말이다.

그만큼 많은 직장인이 말의 미묘한 뉘앙스 차이를 느낀다는 뜻이

| 직장인 넵 지도 |

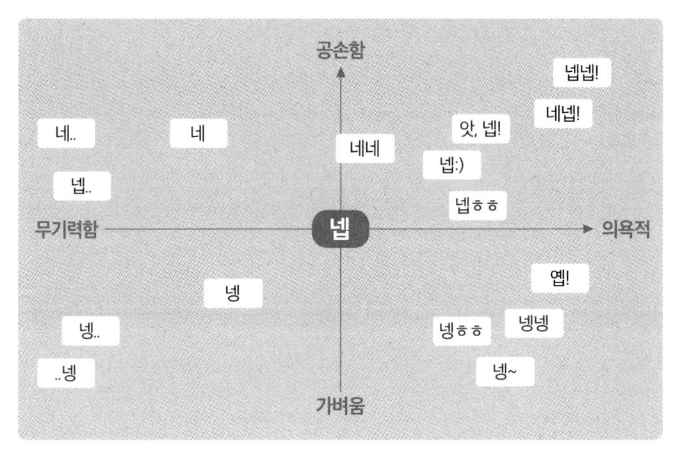

출처: 컴퍼니 타임스

다. 누군가는 "이렇게 사소한 것까지 신경 써야 하나요?"라고 물을 수 있다. 하지만 이렇게 '사소한 것'이 모여 나의 이미지를 만든다.

따라서 메신저에서도 예의와 격식을 갖추어야 한다. 특히 중요하지만 잊기 쉬운 요소가 '말투'다. 말의 내용만큼 말하는 방식, 말투도 중요하다. 한 미국 심리학자는 30년 동안 3,000쌍 이상의 부부를 대상으로 대화 습관을 연구한 결과, 행복한 결혼 생활을 유지하는 부부와 이혼 위기에 처한 부부의 중요한 차이는 말투에서 비롯된다는 사실을 밝혔다. 이처럼 가까운 관계에서도 말투는 관계 유지에 중요한 역할을 한다. 서로 예의를 지키며 소통해야 하는 직장에서는 말투의 중요성이 더욱 크다. 특히 비대면으로 주고받는 메신저 말투는 '넵'과 '넹'의 차이만큼 크다. 말투가 쌓여서 그 사람의 이미지를 형성할 수 있기 때문이다.

한 동료가 다른 직원과 메신저를 하다가 얼굴이 붉어질 만큼 화가 났다. 왜 그런지 물어보니, 상대방의 말투가 너무 예의 없어서 화가 났다고 한다. 메신저 대화를 보니 상대방은 '아닌데요', '그건 그쪽에서 하셔야죠'와 같은 공격적인 말투를 사용하고 있었다. 논쟁이 있을 만한 대화여도, 격식 있는 말투로 충분히 대화는 가능하다. 감정은 시간이 지나면 풀리지만, 내가 실수한 메신저와 안 좋은 이미지는 오래 남는다. 감정적이거나 공격적인 말투는 지양하자.

다음은 직장에서 겪었던 또 다른 사례다. 어떤 저연차 직원이 자신보다 연차가 높은 직원에게 "내일까지 처리해 주기 바랍니다"라는 메신저를 보냈다. 이를 본 연차가 높은 직원은 저연차 직원에게 예의가 없다고 비판했다. 누군가는 "뭐가 문제지?"라고 말할 수 있다. 반면, 누군가에게는 문제의 소지로 느껴질 만한 상황이다. 저연차 직원이 사용한 "내일까지 처리해 주기 바랍니다"라는 표현은 다소 명령조로 들릴 수 있다. 존중이나 예의가 부족한 말투라고 느꼈을 확률이 높다. 일반적으로 직장에서는, 특히 연차 차이가 날수록 상대방을 존중하는 공손한 표현이 중요하게 여겨지기 때문이다.

위의 말투는 상사에게 쓰면 예의와 존중이 없다고 오해받기 쉽다. “가능하시면 내일까지 처리 부탁드립니다” 또는 “내일까지 처리 가능하실까요?”와 같은 표현을 썼다면 어땠을까. 더 공손하고 협조적인 어조로 받아들여질 수 있다. 물론, 매사에 지나치게 자신을 낮출 필요는 없다. 하지만 작은 실수로 예의 없는 사람이라는 이미지를 얻느니, 조심해서 오해의 소지를 만들지 않는 편이 낫다. 메시지를 전송하기 전에 예의와 격식을 갖추었는지 한 번쯤 검토하면 된다. 분명 어렵지 않은 일이다.

넷째, 메신저를 보내는 시간까지 고려한다면 더할 나위 없다

많은 사람이 야근 중 급한 업무를 처리하거나 아이디어가 떠오르면, 늦은 밤 메신저를 보내는 경우가 있다. 하지만 너무 늦은 시간에 보내는 메시지는 상대에게 불편함을 줄 수 있다. 메신저도 하나의 업무인데, 늦은 밤 시간 특히 밤 10시 이후라면 상대가 이미 하루를 마감한 시간일 수 있다. 당장 처리하지 않으면 큰일 나는 상황이 아니라면, 늦은 시간 연락은 자제하자. ‘내일 보겠지’라는 생각보다는, 내일 아침에 보내는 편이 낫다. 잊어버리는 상황이 걱정이라면 예약 메시지 기능이나 메모와 알람을 활용하자. 메신저는 시간에 민감한 도구다. 실시간 소통이 가능하지만, 업무 시간 외에는 주의할 필요가 있다. 시간의 중요성 또한 간과해서는 안 된다.

내가 여태까지 본 일도 잘하고 인간관계도 좋은 직원은 메신저 어조가 젠틀했다. '아'와 '어'의 차이를 아는 센스 있는 직장인이 일도 잘한다. 직장에서의 센스는 말투처럼 사소한 부분에서 드러나기 마련이다.

02

소통의 기본, 이메일

이메일 작성, 왜 고민해야 할까?

이메일은 출근해서 가장 많이 접하는 비대면 소통 중 하나다. 함께 일하던 상사가 본인은 저연차 시절에 이메일을 하나 쓸 때 30분을 고민했다고 말한 적이 있다. 나는 의아했다. 쓸 내용은 정해져 있을 텐데, 그렇게까지 고민할 필요성을 못 느껴왔기 때문이다. 그 상사는 의아해하는 내 표정을 보며 설명했다. 제목, 본문뿐 아니라 효과적으로 전달하는 방법 등을 모두 고려했고, 심지어 '수신인은 어떤 상황이고, 어떤 걸 원할까'까지 고민했다고 한다. 이러한 일련의 과정을 모두 고려하면 처음에는 오랜 시간이 걸린다.

그리고 반드시 고민이 필요한 요소다. 다만 이 과정은 한 번 익숙해지면, 프로세스가 몸에 익는다. 이메일 쓰는 속도는 점점 빨라진다. 시간이 지나면, 많은 내용을 고려하면서도 빠르게 이메일을 쓸 수 있게 된다.

그런데 중요도에 비해 회사에서 이메일에 관한 교육은 잘 시행되지 않는다. 보고서나 기획안은 중요한 문서라는 인식이 뚜렷하다. 그에 비해 이메일은 더 자주 접하는 글임에도 중요성이 간과되는 경우가 많다. 많은 사람이 이메일을 단순한 의사소통 수단으로만 여기고, 그 작성법을 깊이 고민하지 않는다.

이메일도 회사에서 하나의 공식적인 문서 중 하나다. 의미를 잘못 전달하거나, 모호한 표현은 업무상 문제를 불러일으킬 수 있다. 따라서 이메일 작성도 보고서나 기획안처럼 신경 써야 할 필요가 있다.

회사에서 알려주지 않는 이메일 작성 스킬

이메일에서 기본적으로 지켜야 할 내용은 앞서 살펴본 메신저와 비슷하다. 다만 이메일은 메신저보다 긴 글이다. 또한 여러 사람에게 보내는 경우도 많다. 따라서 일반적으로 메신저보다 더 격식을 갖추어 써야 한다.

먼저, 이메일의 작성 순서와 각 항목에서 중요한 부분을 살펴보자.

첫째, 첨부 파일을 제일 먼저

첨부 파일을 누락하면 덜렁거리는 인상을 주기 쉽다. 즉, '일을 잘한다'는 인상과는 거리가 멀어진다. 첨부 파일 누락은 누구나 종종 하는 실수이기도 하다. 특히 본문 작성이나 수신처 추가에 집중하다 보면 첨부 파일을 누락하는 상황이 발생할 수 있다. 이를 방지하기 위해 가장 먼저 파일을 첨부한다. 중간이나 마지막에 첨부 파일을 넣으면 다른 과정에 집중하다가 잊어버릴 수 있기 때문이다. 따라서 본격적으로 메일 본문을 쓰기 전에 첨부하는 습관을 들이면 좋다.

만약, 첨부 파일명이 파일의 특성을 드러내기 적합하지 않다면 바꾸는 편이 좋다. 예를 들어, 파일을 다운로드했을 때 파일 제목이 날짜로 되어 있거나, 내용과 관계없는 무작위 제목일 수 있다. 이럴 때는 내용을 가장 잘 나타내는 제목(핵심 키워드나 날짜)으로 바꾸면 읽는 사람을 배려할 수 있다. 그 파일을 다운로드했을 때, 제목에 핵심 내용이 포함되어 있으면 추후에 파일 찾기가 수월하기 때문이다.

첨부 파일을 보낼 때 유의하면 좋은 또 다른 방법이 있다. 메일 본문에 첨부 파일 내용을 요약하거나, 본문에 첨부 파일을 미리보기처럼 보이도록 이미지로 삽입하는 것이다. 첨부 내용이 중요하고, 너무 길지 않다면 본문에 이미지 캡처로 삽입하면 읽는 사람이 첨부 파일을 열지 않고 바로 볼 수 있다. 첨부 내용이 길다면, 메일 본문에 간단히 첨부 파일 내용을 요약해도 좋다. 첨부 파일로 보낼 경우, 상대방이 첨부 파일을 열어보지 않을 수도 있기 때문이다. 중요한 내용일수록 메일 본문에서도 첨부 파일이 어떤 내용인지 빠르게 확인할 수 있도록 하자. 이는 받는 사람 입장에서 클릭을 최소화하고, 시간을 절약해 줄 수 있는 일종의 배려다.

둘째, 본문은 단계별로

대부분 이메일 본문은 아래의 단계로 작성한다.

인사말 - 자기소개 - 목적 - 요청 사항 - 끝인사

먼저, 간단한 인사와 자기소개를 한다. 처음 인사하는 상황이 아니라면 최대한 간략하게 하자. 이전 메일에 계속 이어서 회신을 주고받는 상황이면, 인사말과 소개는 생략할 수도 있다.

다음으로 이메일의 목적, 즉 이메일을 쓰게 된 이유를 작성한다. 이 부분은 배경 설명이라고 생각하면 된다. 잘 쓴 이메일은 목적이 뚜렷하다. 왜 이메일을 쓰게 되었는지를 설명해야, 뒤에 나올 요청 사항이 설득력을 가질 수 있다. 앞서 메신저에서도 살펴봤듯이 이유 한 줄만 덧붙여도 상대가 나의 상황을 이해하기 수월해진다. 특히, 긴급하거나 중요한 업무는 그 이유를 설명해서 설득력을 높이자.

다음은 요청 사항으로 넘어간다. 한마디로 상대가 어떤 액션을 취해야 할지 요구하는 것이다. 본문의 핵심이라고 볼 수 있다. 자료 공유를 요청하거나, 결재 승인을 요청하는 등 필요한 사안을 작성하는 단계다. 원하는 바는 명확하게 작성하자. 이 단계에서는 일명 돌려 말하는 표현이나 쿠션어를 지양하고, 필요한 사항을 직접적으로 이야기하자. 육하원칙을 포함하면 더 명확해진다. 특히 기한처럼 중요한 내용은 굵은 글씨나 색인 처리하면 가독성과 전달력을 높일 수 있다. 마지막은 간단하게 감사 인사를 넣으며 마무리하면 된다.

추가로, 잘 쓴 이메일은 불필요한 소통을 여러 번 하지 않게 줄여준다. 예를 들어, 이메일로 회의 일정을 잡는 상황을 살펴보자.

김대리
안녕하세요. 다음 주 회의 일정을 잡으려는데 언제 가능하신가요?

유과장
안녕하세요. 저는 수요일 오후 4시가 좋습니다.

김대리
수요일은 출장 예정이라 안 됩니다. 아니면 목요일 오전은 가능하신가요?

유과장
목요일은 다른 일정이 있어서요. 금요일은 어려우실까요?

김대리
금요일은 외근이 잡혀 있습니다. 일정을 다시 조정해 봐야겠네요.

이처럼 한 가지 안건으로 여러 번 메일을 주고받으면 시간을 낭비하기 쉽다. 특히 중요한 회의일수록 시간을 빠르게 조율해야 하는데 자꾸만 의사소통이 지연된다. 어떻게 하면 더 효율적인 이메일을 작성할 수 있을까?

가능한 한 이메일로 필요한 내용을 모두 확인할 수 있도록 작성한다. 제안을 하고, 그 제안이 받아들여지지 않을 경우까지 고려하여 메일을 작성해 보자.

예시

김대리

안녕하세요.

다음 주 회의 일정 확인 차 연락드립니다.
아래 일정 중 회의 가능한 시간을 선택해서 회신 부탁드립니다. (소요 시간 30분)
1안 : 월요일 오전 11시
2안 : 화요일 오후 3시
3안 : 수요일 오후 2시

위 일정 모두 불가하신 경우, 다다음주 중 가능하신 일정을 적어 회신 부탁드립니다.
감사합니다.

이처럼 처음부터 뚜렷한 제안을 하면, 여러 번 이메일을 주고받지 않아도 된다. 결국 이메일만 잘 써도 불필요한 소통을 줄이고, 나와 상대의 시간을 아낄 수 있다. 직장인에게 근무 시간은 결국 돈이다. 따라서 잘 쓴 이메일은 불필요하게 쓰는 돈을 아껴주는 도구인 셈이다.

셋째, 제목은 내용의 요약본처럼

제목은 본문을 요약하는 내용으로 짧고 간결하게 쓴다. 하루에도 수십 통, 많게는 수백 통의 이메일을 주고받는다. 이 와중에 눈에 띄지 않거나 격식 없는 제목은 스팸으로 취급될 수 있다. 중요한 이메일은 중요 표시를, 긴급한 이메일은 긴급 표시를 해주는 게 좋다. 이메일의 종류에 따라 말머리를 사용하는 것을 추천한다.

제목1. 보고서 작성 부탁드립니다.

제목2. [긴급] A프로젝트 보고서 작성 요청 ~9/8(수) 14시

첫 번째 제목은 어떤 내용인지 가늠하기 어렵다. 게다가 긴급한 내용인지 상대가 알기 어려워 놓치기 쉽다. 이를 보완한 게 두 번째 제목이다. 긴급 말머리를 달고, 요청 사항의 핵심 키워드와 기한을 추가해 보자. 긴급도와 요청하는 내용을 제목만 보고도 알 수 있다. 기한이 있으면 상대 입장에서는 촉박하게 느껴질 수 있지만, 중요한 업무가 지연되는 것보다는 명확하게 알리는 편이 낫다.

또한 제목에 말머리와 핵심 키워드를 넣으면 나중에 검색할 때도 이메일을 찾기 쉽다. 나뿐만 아니라 상대의 검색 편리성까지 높여줄 수 있다. 사소하지만, 알아두면 나와 동료를 위한 편리한 배려다.

또 다른 사소한 배려는 이메일 제목 정리다. 제목 정리는 여러 번 회신을 주고받으며 지저분해진 제목을 정리해 주는 작업이다. 자동으로 제목을 정리해 주는 기능이 있는 업무 포털도 있지만, 그렇지 않은 경우도 있다. 길어지는 이메일 제목의 예를 보자.

[받은메일함] Re: Re: Re: Re: Re: Re: Re: Re: Re: 아트페어 기획안 송부

[받은메일함] FW: FW: Re: Re: Re: Re: Re: Re: Re: 송프로님 견적서 요

[받은메일함] Re: Re: Re: Re: Re: Re: Re: Re: [긴급] A프로젝트 제안서

제목이 길어지니 뒷부분이 잘려 내용을 알아보기 어렵다. 중간에 한 번씩 아래와 같이 제목을 정리해 주는 센스를 발휘해 보자.

[받은메일함] Re(9) 아트페어 기획안 송부

[받은메일함] Re: [견적서 회신] 송프로님 견적서 요청드립니다

[받은메일함] Re(6) (최종자료) [긴급] A프로젝트 제안서 작성 요청

훨씬 깔끔해졌다. 물론 제목 정리는 필수가 아니다. 혹시나 중요한 이메일의 키워드가 가려질 수 있는 상황에 대비하는 방법이다. 긴급하거나 중요한 업무일 경우 혹은 세부적인 디테일까지 신경 쓰고 싶은 경우에 사용하면 된다.

넷째, 수신처는 마지막에

마지막으로 수신처를 지정한다. 수신인을 마지막에 넣는 이유는 메일을 작성하는 도중에 실수로 전송되는 가능성을 줄이기

위해서다. 첨부 파일만 넣은 상태거나 본문을 작성하는 중에 실수로 전송될 가능성을 배제할 수 있다. 예를 들어, 사장님께 보고하는 메일에 수신인을 사장님으로 지정해 두고 '안녕하세요'만 작성한 상태에서 실수로 전송 버튼을 눌렀다고 생각해 보자. 생각만 해도 아찔하다. 그러므로 메일이 전송돼도 상관없는 시점에 수신처를 지정한다.

받는 사람이 여러 사람인 경우, 추가하거나 뺄 사람은 없는지, 동명이인 여부 등을 확인해야 한다. 메일을 받는 사람은 수신인과 참조인이 있다. 해당 업무를 직접 처리해야 하거나 보고받을 사람은 수신처에 넣는다. CC라고도 하는 참조는 말 그대로 직접 연관은 없지만, 참고할 대상자를 말한다. 업무와 관련된 모든 사람을 수신처에 넣는 것보다는, 다소 번거롭더라도 수신처과 참조처를 구분하는 것이 좋다. 매번 모든 사람을 수신처에 넣고, 메일 본문에도 누가 업무를 처리해야 하는지 명확하게 쓰지 않으면 혼란을 줄 수 있다. 주요 담당자와 참조할 사람을 구분하도록 하자.

이메일 피드백은 가능한 당일에 하자

작업이 오래 걸리는 경우에도 신속한 피드백을 주는 것이 중요하다. 예를 들어, "예, 알겠습니다. 일정 내에 자료를 보내드리겠습니다" 또는 "일정 내에는 어려울 것 같습니다만, 목요일 오전까지는 가능합니다"라고 미리 답장을 보내자. 이렇게 하면 상대방이 상황을 빠르게 파악하고 불필요한 걱정을 하지 않는다. 일종의 배려다. 상대로부터 독촉하는 연락을 덜 받을 수 있다는 장점도 있다.

또한, 중요한 메일은 발송 후에 전화나 메신저로 내용을 추가적으로 공유하는 것이 좋다. 급한 상황에서는 이메일만 보내고 마냥 기다리기보다는, 긴급하다는 사실을 전화나 메신저를 통해 상대방에게 즉시 알리자. 상대방이 필요한 정보를 신속하게 받고 처리할 수 있게 도와준다.

이러한 대응 방식은 '이 사람은 일을 깔끔하게 처리하는구나'라는 인상을 줄 수 있다. 깔끔하게 일한다는 이미지는 그 사람의 신뢰도를 높여준다. 이메일은 모든 업무의 기본이다. 잘 쓴 이메일은 업무 효율성을 높일 뿐만 아니라 상사나 동료로부터 좋은 평가를 받을 수 있다.

결론적으로, 이메일을 잘 작성하고 빠르게 대응하는 습관은 업무 성과를 높일 뿐만 아니라, 주변의 긍정적인 평가로 이어져 일잘러로 인정받게 한다. 결국 자신의 가치와 몸값을 올릴 수 있는 기회를 만들어준다.

03 상사를 사로잡는 스킬, 기획서

7초 안에 보는 이를 사로잡자

첫인상을 결정하는 시간은 얼마일까? 호감과 비호감을 결정하는 데는 단 7초가 걸린다는 말이 있다. 기획서도 마찬가지다. 7초 안에 상사를 사로잡아야 한다. 바쁜 상사가 쓰윽 훑어봐도 한눈에 핵심을 파악하게 하자. 나태주 시인의 시 〈들꽃〉에는 '자세히 보아야 예쁘다'라는 구절이 있다. 들꽃은 자세히 보아야 예쁘지만, 기획서는 다르다. 빠르게 봐도 대충 봐도 예뻐야 한다. 그렇다면 대충 봐도 예쁜 기획서는 어떤 것일까? 물론, 문서 자체를 예쁘게 도식화하고 눈에 잘 들어오게 하는 작업도 필요하지만, 가장 중요한 것은 구조와 논리다. 이 기본기를 탄탄히 다져야 한다.

기획서의 목적을 생각해 보자. 원하는 방향으로 의사 결정권자의 결정을 끌어내는 것이다. 또한 기획은 아이디어를 체계적으로 정리하는 과정이며, 내 생각을 알기 쉽게 전달하는 작업이다. 따라서 기획서는 읽는 사람이 머릿속에 그림을 그리듯 명확한 이해를 돕고, 실행 가능해야 한다. 그래야 의사 결정권자도 그 기획을 믿고 승인할 수 있다.

기획서도 스토리텔링이 필요하다

기획서도 하나의 스토리다. 단순한 정보 나열보다는 이야기하듯이 흐름을 짜보자. 스토리라인을 따라가면, 문제와 해결책을 자연스럽게 이해할 수 있다. 이 방식은 기억하기 쉬울뿐더러, 단편적인 정보가 아닌 전체적인 맥락을 쉽게 이해할 수 있도록 도와준다. 기획서의 스토리텔링은 크게 4가지 흐름으로 이루어진다.

1. 결론(이렇게 해야 합니다)
2. 이유(왜냐하면 이런 문제가 있기 때문입니다)
3. 근거(진짜예요, 실제로 이렇거든요)
4. 계획(구체적으로 이렇게 실행할 거예요)

상황과 목적에 따라 유연하게 바꿀 수 있지만, 일반적인 흐름은 다음과 같다. 아래 예시를 살펴보자.

결론: 사무실 내 종이 낭비를 줄이기 위해 전자 문서 시스템을 도입해야 합니다.

이유: 현재 사무실에서 종이가 과도하게 낭비되고 있으며, 이는 회사 예산에 부담이 됩니다.

근거: 월 평균 1만 장의 종이가 낭비되고 있으며, 이는 지난해 같은 기간에 비해 40% 증가한 수치입니다.

계획: 시스템 도입 검토 후 직원 교육 및 시범 운영을 거쳐 전체 도입을 완료해야 합니다.

이렇게 스토리텔링 흐름으로 작성하면, 보는 사람이 문제의 심각성과 해결책의 타당성을 더 쉽게 이해할 수 있다. 구체적인 근거와 실행 계획이 뒷받침된 기획서는 설득력을 갖추고, 더 큰 신뢰를 줄 수 있다. 여기에 세부 내용을 보완해 나가면 된다.

기획서의 기본 구조

먼저 스토리라인을 잡았다면, 다음은 살을 붙여나가자. 일정과 예산을 포함한 세부 계획, 이후의 기대 효과를 넣으면 더 탄탄한 기획서가 된다. 일반적인 구조는 다음과 같은 내용을 포함한다.

도입부: 목적과 결론 제시

문제 제시: 현재 상황과 문제점을 구체적으로 설명

해결책 제안: 문제를 해결할 수 있는 구체적인 방안

실행 계획: 어떻게, 언제, 누가 해결할지를 포함한 액션 플랜

예산 및 자원: 필요한 자원, 예산 계획

리스크 관리: 발생할 수 있는 문제점과 대처 방안

기대 효과: 기획의 결과로 기대할 수 있는 성과

1. 도입부: 기획의 목적과 결론 제시

도입부에서는 기획의 목적을 가장 먼저 명확하게 전달하자. 이어 결론을 제시하는 것도 중요하다. 문서를 읽기 시작했을 때가 가장 집중력이 좋을 때다. 초반에 기획의 핵심이 무엇인지 알 수 있어야 한다. 경우에 따라 추진 배경이 도입부에 포함되는 경우도 있다.

예시 "이번 프로젝트의 목적은 사무실 내 종이 낭비 줄이기입니다. 이를 위해 전자 문서 시스템을 도입하는 방안을 제안합니다."

2. 문제 제시: 현재 상황과 문제점을 구체적으로 설명

현재의 문제를 명확하게 설명하며 문제를 제시한다. 기획을 왜 추진하게 되었는지 그 추진 배경을 포함해야 한다. 이때 데이터나 사실을 기반으로 현재 문제를 구체적으로 설명하자. 단순히 "문제가 있다"라고 말하는 대신, 정량적 근거를 제시해 사안의 당위성을 강조하는 방법이 효과적이다.

예시 "현재 사무실에서 월 평균 1만 장의 종이가 낭비되고 있으며, 이는 지난해 같은 기간에 비해 40% 증가한 수치입니다. 이는 회사 예산에 부담을 주고 있습니다."

3. 해결책 제안: 문제를 해결할 수 있는 구체적인 방안

해결책은 구체적이고 실행 가능한 계획으로 제시해야 한다. 문제를 해결하기 위한 방법을 제시하되 가장 실행 가능성이 높은 방안을 우선 배치하도록 하자.

예시 "종이 낭비를 줄이기 위해 전자 문서 관리 시스템을 도입하고, 모든 보고서 및 회의 자료는 전자 문서로 대체합니다. 또한, 전

직원 대상 전자 문서 사용 교육을 시행해서 변화에 빠르게 적응할 수 있도록 합니다."

4. 실행 계획: 어떻게, 언제, 누가 해결할지를 포함한 세부 계획

실행 계획은 단계별로 나눠야 한다. 일정, 책임자 등을 명시하여 상사가 프로젝트가 실현 가능하다고 느끼게 하는 것이 핵심이다.

구분	내용	기간	담당자
1단계	**전자 문서 시스템 도입**	1.1~3.30	A
2단계	**직원 교육**	3.2~3.25	B
3단계	**1차 시범 운영**	4.1~4.30	C
4단계	**전사 도입**	5.1~	D

실행 계획을 단계별로 구체적으로 나누고, 각 단계별로 소요 시간과 담당자를 명시하자.

5. 예산 및 자원: 필요한 자원, 예산 계획

예산을 명확하게 제시하면서, 비용 대비 효율성을 강조하자. 비용이 어디에 사용될지, 어느 정도의 자원이 필요한지 구체적으로 설명하자. 대체로 상사는 예산 관리에 민감하다. 비용 절감을 고려했다는 내용과 예산이 부족할 경우를 대비해서 추가 절감 방안을 고민해 보는 과정도 필요하다. 단, 예산은 너무 타이트하게 책정하지 않아야 한다. 일반적으로 계획한 예산 범위 내에서 쓰는 것은 문제가 되지 않지만, 예산 초과는 문제가 되기 때문이다.

예시 "전자 문서 시스템 도입 비용은 약 2천만 원이며, 이를 통해 연간 5천만 원의 종이 비용 절감을 예상합니다."

6. 리스크 관리: 발생할 수 있는 문제점과 대처 방안

프로젝트에서 발생할 수 있는 잠재적인 문제점을 미리 생각하고, 대처 방안을 제시하자. 예상 리스크와 대처 방안을 미리 준비하는 모습은 신뢰를 얻을 수 있는 포인트다. 프로젝트의 리스크나 실패 가능성에 대해 미리 대비하는 모습을 보여줘야 한다. 읽는 사람이 떠올릴 만한 질문을 미리 생각해 보면, 문제점을 떠올리기 수월하다. 내가 이 기획서의 최종 결정권자라고 생각하고 낯설게 바라보는 전략이 필요하다.

예시 "초기 도입 시 직원들의 적응이 늦을 수 있으므로, 1개월간의 시범 운영을 통해 문제점을 확인하고 개선하겠습니다."

7. 기대 효과: 프로젝트가 성공했을 때 얻을 수 있는 성과

기획서의 마지막 부분에서는 프로젝트의 기대 효과를 구체적으로 명시하자. 정량적 성과와 질적 성과를 모두 다루며, 프로젝트가 성공했을 때 회사에 어떤 이점이 생길지 상사가 명확하게 인식할 수 있어야 한다. 기대 효과는 수치화하여 설득력을 높이고, 회사에 가져다줄 실질적인 이점을 강조하면 좋다.

"종이 사용을 20% 줄여 연간 5천만 원을 절감하고, 환경 보호 기여 효과를 기대할 수 있습니다. 또한, 전자 문서 시스템 도입으로 업무 효율성이 15% 향상될 것입니다."

빠르게 채택되는 기획서 작성하기

1. 마감 기한 준수는 기본 중의 기본이다

모든 일은 마감 기한이 중요하다. 일정을 잘 관리해서 납기일을 준수하는 것이 기본이다. 아무리 좋은 기획도 마감 기한이 지나거나, 타이밍을 놓치면 무용지물이 된다. 기한을 놓쳐 상사와 고객의 신뢰를 잃는 것은 시간문제다. 중요한 것은 완벽한 기획이 아닌 타이밍에 맞춰 실행 가능한 기획이다. 기획자가 일정을 관리하는 능력은 곧 위기관리 능력과 직결된다. 유능한 기획자는 계획을 상황에 맞게 조정하고, 주어진 시간을 최대한 활용할 줄 아는 사람이다.

2. 초안부터 시작하자

처음부터 완벽하게 쓰려고 하면 기획서 작성을 미루기 쉽다. 기획서에 능숙한 사람이 아닌 이상, 초안부터 모든 내용을 담을 수는 없다. 기한을 맞추면서도 완성도를 높이는 방법은 먼저 작성한 초안으로 중간보고를 하고 피드백을 거쳐 퀄리티를 점차 높이는 것이다.

첫 시작은 A4용지에 간단한 스케치나 키워드로 내용 흐름부터 정리하자. 초안은 빠르게 기획의 밑그림을 그릴 수 있게 도와주는 역할을 한다.

3. 검토자와 소통하며 만들자

기획서는 상사와 소통하며 만들어야 한다. 중간에 상사와 중간보고를 통해 방향을 조정하고, 그가 원하는 부분을 반영하는 것이 중요하다. 평소 상사의 피드백을 적극 반영하여 기획서를 작성하면, 최종 승인 단계에서 예상치 못한 수정을 피할 수 있다. 이처럼 빠르게 초안을 잡고 중간 피드백을 받아 개선하는 전략을 택하면, 기획의 퀄리티를 높이면서도 마감 기한을 맞출 수 있다.

4. 실행 가능성과 계획의 디테일에 신경 쓰자

좋은 기획서는 채택되는 기획서다. 실행되지 않을 기획서는 버려지기 때문이다. 채택되려면 현실성과 디테일한 계획은 필수다. 단순히 아이디어만 나열하는 것이 아니라, 현실적인 자원과 예산 그리고 실제 실행 가능한 계획이 담겨야 한다. 디테일이 없으면 상사는 기획서를 채택하지 않을 확률이 높다. 실행 가능성을 높이기 위해서 구체적인 액션 플랜도 계획해야 함을 잊지 말자.

04 비즈니스 글쓰기의 핵심, 보고서

회사에서 보고서는 어떤 의미일까

최 대리는 상사로부터 프로젝트 현황 보고서 작성을 하라는 지시를 받았다. 그런데 그는 일명 '보고서 울렁증'이 있다. 그가 보고서를 작성해서 제출할 때마다 상사는 처음부터 끝까지 수정하라고 했다. '다시 써 와'는 최 대리가 상사에게 가장 많이 듣는 말이었다. 이번에도 보고서 작성 지시를 받은 최 대리는 긴장해서 입이 바짝 말랐다. 보고서를 쓰려고 자리에 앉아 노트북을 켰지만, 멍하니 커서를 바라볼 수밖에 없었다. 어디서부터 어떻게 시작해야 할지 막막할 따름이다. 다른 일을 하며 보고서 작성을 미루지만 마음만 불편해질 뿐이다. 어느새 마감 기한을 하루 남겨두고 급하게 내용을 써내려갔지만, 구조는 엉성하고 근거는 허술했다. 결국 얼굴을 붉힌 상사로부터 다시 고쳐오라는 피드백을 받았다.

많은 직장인이 에피소드 속 최 대리의 심정을 이해하지 않을까. 솔직히 말해서, 내게도 보고서는 어려운 숙제처럼 느껴진다. 게다가 정말 귀찮은 작업이다. 정기적으로 보고하는 주요 프로젝트 진척 보고, 주간 업무 현황 보고서, 매년 수립하는 경영 계획 보고서. 매번 비슷한 내용을 반복하고, 실적을 정리하고, 새로운 안건을 만드는 작업은 지루하다. 때로는 한 가지 보고를 위해 여러 가지 부가적인 보고가 생긴다. 일명 보고를 위한 보고, 그리고 그 보고를 위한 보고를 위한 보고까지. 웃지 못할 일이다. 그렇다면 우리는 왜 보고서를 작성해야 하는 걸까. 단순히 상사의 지시이기 때문인가? 이러한 접근으로 보고서를 작성하면 제대로 작성하기 어렵다. 뿐만 아니라 보고서 작성 과정을 의미 없이 보내버리는 시간처럼 여기게 된다.

많은 직장에서 보고서를 중요하게 생각하는 이유를 생각해 보자. 보고서는 현황을 정리하고 보고하는 문서이자 때로는 중요한 의사 결정 도구다. 높은 자리에 있는 의사 결정권자일수록 보고서를 중시하는 경향이 있다. 보고서는 조직의 실시간 정보를 제공해 의사 결정을 돕는 클라우드이자 과거의 중요 데이터를 기록해 두

고두고 참고할 수 있는 아카이브(자료 보관소) 역할을 한다. 의사 결정권자는 당장 실무자가 없더라도 중요한 프로젝트의 히스토리를 파악해서 바로 의사 결정을 해야 할 때가 있다. 누군가가 휴가를 갔거나 퇴사를 하더라도 보고서나 결재 문서는 기록으로 남아 있다. 따라서 이러한 상황에서 의사 결정권자는 보고서를 유용하게 참고할 수 있다. 즉, 보고서는 의사 결정권자가 중요 사안을 한눈에 파악하고, 리스크를 관리할 수 있는 중요한 자산이나 마찬가지다.

실무자 입장에서도 보고서는 중요한 소통 수단이다. 보고서가 없다고 생각해 보자. 상사에게 직접 가서 말로 설명하다 실수를 하거나 빠뜨릴 수 있다. 보고서는 말로 설명해야 하는 내용을 논리적으로 문서화해서 보여줄 수 있는 좋은 도구다. 게다가 의사 결정권자가 한 명이 아니라면, 여러 명을 직접 설득해야 할 수도 있다. 하나의 보고서로 정리하면 모든 의사 결정권자에게 일일이 설명해야 하는 상황을 막을 수 있다.

보고서의 기본 원칙과 종류

보고서를 쓰는 기본 원칙을 알아보자. 일반적으로 보고서는 다음 3요소를 갖추어야 한다.

1. 보고서의 3요소

첫째, 간결하면서도 핵심을 잘 전달해야 한다. 되도록 간결하게 작성하자. 둘째, 보고서의 최종 목표가 무엇인지 정확히 작성해야 한다. 또한 이 목표를 위해 어떤 의사 결정을 해야 하는지 명확히 드러나야 한다. 셋째, 한눈에 들어오게 가독성을 높여야 한다. 문서 양식이나 폰트, 자간 등은 기본이다. 회사 표준 양식이 있다면 반드시 따르도록 하자. 표나 그래프처럼 도식화할 수 있는 자료는 시각화해서 눈에 잘 들어오게 한다. 읽는 사람이 모를 수 있는 개념은 각주를 달아주고, 히스토리를 모르는 누가 봐도 그 상황을 이해할 수 있도록 배경 설명을 추가하자. 서론부터 결론까지 일정한 논리적 흐름을 유지해야 한다.

2. 종류별 한 끗이 다른 보고서

보고서에도 종류가 있다. 진행 상황이나 현황을 보고하는 보고서, 결과 보고서, 신규 프로젝트를 시작하기 전에 아이디어를 제안하는 보고서도 있다. 큰 틀은 비슷할지라도 각각의 종류별로 퀄리티를 높이는 방법이 있다. 기본 원칙은 동일하지만, 모든 보고서에는 한 끗의 차이를 만드는 차별점이 있어야 한다. 특히, 작성자의 인사이트가 들어가면 더 탄탄한 보고서가 된다.

- 현황 보고: 현재 상황을 객관적으로 정리할 뿐 아니라, 미래

에 발생할 수 있는 주요 리스크와 해결 방안을 함께 제시하면 좋다. 단순히 현황 보고라고 해서, 진행 현황만을 나열해서는 안 된다. 예상되는 문제점과 해결책을 제시함으로써 완성도를 높이자. 이는 작성자가 충분히 고민했다는 사실도 보여줄 수 있다.

- 결과 보고: 단순히 프로젝트 결과를 정리하는 것에서 그치지 말자. 해당 프로젝트를 진행하며 배운 점과 개선점을 추가해 보자. 결과가 성공적인 경우, 어떤 부분이 가장 큰 기여를 했는지 생각해 보자. 추후에도 해당 요인을 적용해 볼 수 있다. 프로젝트가 실패했다면, 실패 원인을 분석하고 어떻게 개선할 수 있을지 고민하는 과정이 필요하다. 이처럼 결과뿐 아니라 과정 또한 회고해 보면서, 향후 비슷한 프로젝트를 할 경우에도 도움이 될 인사이트를 제공하자.

- 신규 프로젝트 보고: 새로운 아이디어를 제안할 때는 그 아이디어가 해결할 수 있는 구체적인 문제와 예상 성과를 포함한다. 여기에 더해 반대 의견을 예상해 답변도 준비해 두면 더욱 설득력이 높아진다. 신규 프로젝트의 경우, 기존에 없던 일을 새로 진행해야 하므로, 검토자 입장에서는 의문이 많을 수밖에 없다. 추진을 위한 타당성을 갖추기 위해 질문을 떠올

려 보고, 답변을 준비해 둔다면 예상치 못한 질문에도 당황하지 않을 수 있다.

3. 구조가 탄탄한 보고서 만들기

"나는 문장이 아니라 문단이야말로 글쓰기의 기본 단위라고 주장하고 싶다."

- 스티븐 킹

스티븐 킹의 주장처럼 글은 문단 단위로 쓰는 것이 좋다. 보고서 역시 마찬가지다. 한 번에 보고서를 작성하기는 어렵다. 이때 문단 단위 글쓰기를 활용해 보자.

첫 번째 단계에서 자료를 조사해 모두 모아야 한다. 이때는 순서와 배치를 신경 쓰지 말고 자료 수집에만 집중한다. 두 번째 단계에서는 한 번에 쭉 읽고, 연관된 내용끼리 묶어 문단을 완성한다. 각 문단 내에서 중요한 내용을 앞으로 빼고 문단 순서를 구성한다. 그리고 비슷한 내용의 문단을 비교하여 순서를 배치한다. 그다음, 전체적인 흐름을 고려해 문단의 순서를 정렬하자.

글을 문단 단위로 쓰는 연습은 보고서뿐만 아니라, 글 연습에도 유용한 방법이다. 문단 간의 흐름을 점검해 보자. 중요한 문단은 앞에 배치하고, 각 문단 간의 관계도 점검해야 한다. 보고서도 결국 하나의 이야기다. 스토리라인이 자연스럽게 이어지는지 확인하자. 일반적으로 다음과 같은 흐름이 독자가 내용을 파악하기 수월하다.

□ 핵심 내용(요약)

□ 추진 배경

□ 목적

□ 추진안

□ 세부 내용

□ 결론 정리

다음으로 점검할 사항은 숫자다. 보고서에서 숫자는 기본이다. 숫자가 없는 보고서는 설득력이 떨어질 가능성이 높다. 주장을 뒷받침하기 위해서는 정확한 통계나 수치가 필수이기 때문이다. 같은 내용을 전하더라도, 숫자의 유무에 따라 신뢰도가 달라질 수 있다. 만약, 연봉 협상 면담을 하는 두 사람이 있다고 해보자. 아래 예시를 살펴보면 차이를 느낄 수 있다.

예시 우리 회사의 매출은 작년에 비해 상승했습니다. 그중 A팀의 매출이 가장 많이 올랐습니다. 제가 맡은 B고객사의 매출 상승이 가장 큰 역할을 했습니다. 따라서 B고객사 업무를 담당하는 저의 연봉 상승을 검토 부탁드립니다.

예시 우리 회사의 매출은 작년 대비 30% 상승했습니다. 그중 A팀의 매출 상승분이 200억 원으로 가장 큰 폭으로 증가했습니다. 또한, B고객사에서 발생한 매출 상승분은 전체의 40%를 차지했습니다. 저는 지난 3년간 B고객사를 담당하며 매년 50억 원 이상 매출 증가에 기여해 왔습니다. 반면, 저의 연봉 상승률은 3년간 전사 평균인 3%대에 머물렀습니다. 이에 따라 내년에는 제 연봉 상승률을 5% 이상으로 검토 부탁드립니다.

만약 당신이 회사의 사장이라면, 어느 담당자의 연봉 상승을 더 고려할까? 숫자에 근거한 두 번째 담당자가 연봉 협상에 성공할 확률이 더 높다. 이는 명확한 근거 자료를 바탕으로 주장을 하기 때문이다.

앞서 연봉 협상의 첫 번째 예시는 추가 질문을 하게 만든다. "B고객사의 매출이 얼마나 늘었나요?", "최근 당신의 연봉 상승률은 어땠나요?" 등 여러 질문이 떠오를 수 있다. 결국 상호 간에 불필요한 시간 낭비를 하게 될 수 있다.

이렇듯 무언가를 주장할 때 숫자는 중요하다. 보고서도 마찬가지다. 숫자는 보고서의 설득력을 높여준다. 또한 숫자는 그저 나열하는 것이 아니라 '정확한' 숫자를 읽기 쉽게 써야 한다. 숫자는 정답과 오답이 분명하다. 잘못된 숫자는 보고서의 신뢰도를 떨어뜨릴 수 있다. 잘 읽던 중 틀린 숫자를 발견하게 된다면, 독자는 그 이후부터 글의 신뢰성을 의심하며 읽게 될 것이다. 문제없이 읽었던 앞부분도 뾰족한 눈으로 다시 보게 될지 모른다.

숫자나 단위는 한 번 더 검토하는 습관을 들이는 게 좋다. 같은 맥락에서 자료의 출처도 정확하게 표기해야 한다. 특히 공신력 있는 자료를 참고하는 것이 중요하다. 예를 들어, 통계 자료는 국가통계포털에서, 재무제표는 전자공시시스템에서 찾는 것이 신뢰도를 높여준다. 출처가 불분명하거나 신뢰도가 낮은 자료는 차라리 쓰지 않는 편이 낫다.

또한, 보고서 내용은 중복과 누락을 피해야 한다. 많이 사용하는 '미씨MECE'라는 개념을 적용해 보자. 내용이 겹치지 않고 빠짐없이 다뤄져야 한다는 뜻이다. 피자를 생각해 보자. 원형의 피자를 8조각으로 나눴을 때, 각각의 조각이 모여 한 판의 피자가 된다. 7조각으로도, 9조각으로도 온전한 피자 한 판을 만들 수 없다. 보고서도 마찬가지다. 상사가 궁금해 할 만한 내용을 빠짐없이 포함하면서도 내용이 중복되지 않게 작성해야 한다.

보고서를 읽으며 질문이 떠오르는데 답이 없다면, 그 보고서는 무언가 빠져 있는 것이다. 중언부언해서는 안 되지만, 필요한 내용은 모두 담겨 있어야 한다.

마지막으로, 보고서를 작성한 후에는 반드시 퇴고를 해야 한다. 다음은 보고서 퇴고를 위한 체크리스트다.

항목	검토 사항
결론 명확성	결론이 명확하며, 두괄식인가?
순서와 흐름	내용의 전체 순서와 흐름이 자연스러운가?
내용 일치성	상위 범주에 맞는 세부 내용이 들어가 있는가?
정확성	숫자, 단위, 자료 출처가 정확한가?
중복 및 누락	중복되거나 누락된 내용이 없는가?

체계적으로 정리된 보고서는 상사에게 신뢰를 주고, 업무를 얼마나 정확하게 처리하는지 보여준다. 퇴고는 그 과정에서 꼭 필요한 단계다. 명료성, 정확성, 일관성을 검토하는 과정에서 보고서는 더 완성도 높은 문서로 거듭날 수 있다. 이는 곧 자신의 성과로 이어진다. 보고서를 완성했다면, 이제 그 결과를 상사와 조직에 명확하게 전달하는 일만 남았다. 잘 정리된 보고서는 결국 당신의 업무 능력과 가치를 증명해 줄 것이다.

TIP

잘 쓴 보고서와 회사 기본 양식 활용법

보고서를 많이 작성해 보지 않은 경우, 잘 쓴 보고서 양식을 참고하는 것도 좋은 전략이다. 특히 회사에서 자주 사용하는 보고서 양식이나 인정받는 직원이 작성한 보고서를 참고하면, 내부 기준과 스타일을 맞추는 데 유리하다. 이 과정에서 양식을 본인의 스타일로 개선하면 더 효율적이다. 예를 들어, 프로젝트 특성에 맞는 추가 항목을 넣는 식으로 활용해 보자.

이처럼 양식은 빠르고 다양하게 활용할 수 있다는 점에서 효율성을 높여준다. 양식은 회사에서 중요하게 여기는 구조와 내용을 모두 포함하고 있기 때문이다. 정해진 틀을 따르는 것이 항상 옳은 정답은 아니지만, 바쁜 직장인에게 기존 양식 활용은 안전하고 빠른 길이라는 사실은 분명하다.

05 설계도와 같은 역할, 회의록

회의록은 프로젝트 설계도다

회의록은 회의 내용을 기록하고 공유하는 중요한 문서다. 하지만 생각보다 많은 사람이 회의록을 단순히 회의 내용을 기록하는 과정으로만 생각한다. 회의록은 내용을 그저 받아 적고 기록만 하는 문서가 아니다. 전체적인 맥락을 이해하고, 핵심 내용을 간추려 기록해야 한다. 또한 해당 회의에 참석하지 않은 사람도 쉽게 이해할 수 있도록 작성해야 한다. 생각해 보자. 회의록이라고 해서 회의의 시작부터 끝까지 모두 기록하는 것은 상당히 비효율적이다. 읽는 사람이 내용의 핵심을 파악하기 어려울뿐더러, 읽는 시간도 오래 걸린다. '필기록'이 아닌 '회의록'임을 기억하자.

회사 분위기에 따라 다르지만, 가장 낮은 연차의 직원이 회의록을 작성하는 경우가 많으며 그만큼 신입 사원이나 저연차 직원이 회의록을 쓸 일이 많다. 따라서 회의록을 잘 쓰면 '일 잘하는 후배' 이미지를 얻을 수 있는 기회가 된다. 특히 회의록을 깔끔하게 정리하고, 중요한 내용을 빠짐없이 기록하면 신뢰도를 높일 수 있다. 회의록 잘 쓰기는 일 잘하는 이미지를 만드는 첫걸음이다.

또한, 회의록은 단순 기록을 넘어서 책임과 역할을 분배하는 기능을 한다. 만약 회의에서 논의한 내용과 일부 다른 표현을 회의록에 사용했다고 가정해 보자. 단어 선택이나 뉘앙스의 작은 차이로도 그 책임의 분배가 달라질 수 있다. 예를 들어, 회의에서 'A부서와 B부서 협력 진행'하기로 논의했으나 'A부서 주도하에 B부서와 협력 진행'이라고 적으면 어떻게 될까. 프로젝트에서 A부서의 역할과 책임이 크게 느껴질 수 있다. 표현의 작은 뉘앙스 차이로 업무 책임과 진행 과정이 달라질 수 있다. 회의록이 단순 기록이 아니라고 말하는 이유 중 하나다.

중요한 것은 회의 후 해야 할 계획과 액션 플랜이 담겨 있어야 한다. 특정 행동을 누가, 언제까지 해야 하는지 액션 플랜이 모호하게 기록되어 있으면 업무 추진에 차질이 생길 수 있다.

이처럼 회의록은 프로젝트에서 설계도와 같은 역할이다. 명확하게 기록하고 신속하게 공유해서 형식이 아닌 실제로 업무 추진에 도움 되는 회의록을 쓰자.

효과적인 회의록 작성 방법

회의록을 작성할 때는 회의 내용을 효과적으로 담는 방법을 고려해야 한다. 어떻게 하면 효과적으로 작성할 수 있을지 필수 요소부터 살펴보자.

회의록 필수 요소

- 개요(참석자, 일시, 장소, 내용)
- 주요 안건
- 결과/피드백
- 액션 플랜: 누가 언제까지 무엇을 할지(담당자와 납기 포함)

무조건 나열하지 않고 안건별로 내용을 범주화categorizing하여 읽기 쉽게 정리해 보자. 또한 논의한 순서 그대로 나열하기보다는 흐름과 중요도를 고려해서 배치한다. 회의 흐름을 따라가는 순서나, 중요 안건을 앞에 우선 배치하는 형식을 추천한다. 다음 예시를 살펴보자.

예시

<table>
<tr><td colspan="4">회의록</td></tr>
<tr><td>일 시</td><td></td><td>장 소</td><td></td></tr>
<tr><td>참석자</td><td colspan="3"></td></tr>
<tr><td>회의 내용</td><td colspan="3">- 일본 시장 소비자 조사 결과
- 중국 시장 소비자 조사 결과
- 상반기 매출 추이 분석
- 제품 국내 론칭 실패 주요 원인 분석
- 고객 주요 VOC 및 개선안
- 국내 시장 개선안 반영한 신규 전략 수립
- 일본 론칭을 위한 영업/마케팅 전략 수립
- 중국 론칭을 위한 영업/마케팅 전략 수립
- 담당자별 차주 업무 계획 및 납기</td></tr>
</table>

위와 같이 순서대로 나열하면 한눈에 들어오지 않는다. 안건의 특성별로 범주화해 보자.

예시

회의록

일 시		장 소	
참석자			
회의 내용	■ 국내 출시 현황 - 상반기 매출 추이 분석 - 제품 국내 론칭 실패 주요 원인 분석 - 고객 주요 VOC 및 개선안 ■ 해외 시장 분석 - 일본 시장 소비자 조사 결과 - 중국 시장 소비자 조사 결과 ■ 영업/마케팅 전략 수립 - 국내 시장 개선안 반영한 신규 전략 수립 - 일본 론칭을 위한 영업/마케팅 전략 수립 - 중국 론칭을 위한 영업/마케팅 전략 수립 ■ 액션 플랜 - 담당자별 차주 업무 계획 및 납기		

한층 더 보기 편해졌다. 액션 플랜은 회의 결과 각 담당자가 해야 할 업무, 역할과 책임R&R, 납기를 포함해서 쓰자. 각 담당자가 추진해야 할 업무를 놓치지 않도록 명확히 표기해야 한다.

회의록 작성 팁과 타이밍

회의록을 작성하고 공유하는 타이밍도 중요하다. 되도록 회의가 끝난 후 즉시 회의록을 공유하는 것이 가장 효과적이다. 회의 직후 가장 기억이 선명할 때 정확한 회의록을 쓸 수 있다. 내용을 정확하게 기억하고 있을 때 공유하면, 참석한 담당자는 각자 할 일을 신속하게 파악하고 처리할 수 있다. 너무 늦어지면, 작성자와 참석자가 내용을 정확하게 기억하기 어려울뿐더러 업무가 더디게 진행될 수 있다.

즉, 회의록은 빠르게 작성해서 공유하는 것이 관건이다. 이를 위해서는 먼저, 회의 중에는 중요한 키워드를 우선적으로 기록해 둔다. 이를 바탕으로 회의가 끝난 후 가능한 한 빠르게 내용을 복기하면서 정리하면 좋다. 회의 전에는 회의록의 필수 요소를 담은 형식을 미리 준비해 두고, 회의 중에는 이 형식에 맞춰 키워드 중심으로 내용을 채워 넣자. 이후 회의가 끝나고 나서, 추가하거나 뺄 내용이 있는지 점검해 보자.

회의 후에 정리된 내용을 바탕으로 업무 유관자에게 회의록을 공유한다. 나의 경우, 이러한 '회의록 초벌' 작업을 통해 회의 시간 중에 최대한 내용을 작성하고, 회의 후에는 신속하게 정리하고 공유하는 방식을 사용했다. 이처럼 가능한 당일에, 늦어도 다음 날까지는 회의록을 공유하여 피드백을 받을 수 있는 시간을 확보하

자. 만약 헷갈리는 내용이 있다면, 회의록을 공유하기 전에 함께 참석한 동료들에게 확인하고 더블 체크하면 된다.

중요한 회의의 경우 녹취를 활용하는 것도 좋은 전략이다. 요즘은 회의 내용을 녹음하면 AI가 자동으로 정리해 주는 기능도 있어 매우 편리하다. 네이버의 클로바 노트는 대표적인 AI 음성 인식 서비스로, 회의나 통화 등에서 녹음한 음성을 텍스트로 자동으로 정리해 준다. 특히 발언자를 구별해 기록해 주는 기능이 유용하다. 이러한 앱을 활용하더라도, 최종 정리나 검토는 반드시 본인이 직접 해서 실수를 줄여야 한다. 앞서 말했듯이, 회의록은 일 잘하는 이미지를 만들 수 있는 좋은 기회다. 실수하지 않도록 작성자 본인이 책임감을 가지고 최종 검토하자.

06 업무의 비장의 무기, 업무 일지

일잘러가 되는 확실한 방법

업무 일지는 업무 계획, 진행 상황, 완료된 업무 등을 기록하는 문서다. 당신은 업무 일지를 쓰는가? 자발적으로 업무 일지를 작성하는 직장인은 극히 소수일 것이다. 필수가 아닌 경우에, 대체로 번거롭다고 생각하고 쓰지 않기 때문이다. '일하느라 바쁜데 언제 업무 일지를 작성하나?' 싶은 생각이 든다. 그러나 나는 업무 일지가 일잘러가 되는 확실한 방법 중 하나라고 믿는다. 나는 업무 일지를 신입 사원 때부터 꾸준히 작성해 왔다. 그 과정에서 이 방법이 업무에 큰 도움이 된다는 사실을 몸소 느꼈다.

업무 일지를 쓰기 시작한 계기는 단순했다. 신입 때 일을 잘한다고 느꼈던 한 선배가 우연히 업무 일지를 작성하는 모습을 보았다. 선배는 매일매일 업무 일지를 작성한다고 했다. '어쩌면 저 성실함이 일 잘하는 비결이 아닐까?' 싶어 무작정 따라 해보았다. 이후 업무 일지가 주는 효과를 체감하고 지금까지도 꾸준히 작성하고 있다. 감히 말하건대, 직장인이 자신의 역량을 높이는 데 업무 일지만큼 강력한 무기는 없다. 내가 업무 일지를 '비장의 무기'라고 표현한 이유를 살펴보자.

첫째, 업무 히스토리 관리를 할 수 있다

일을 하다 보면 히스토리를 확인해야 할 때가 많다. 업무에서 히스토리란 과거에 어떤 일이 있었고, 담당자 간 어떤 커뮤니케이션이 오갔는지를 의미한다. 이 경우 주로 기억에 의존하거나, 이메일이나 문서를 뒤져봐야 한다. 하지만 기억은 쉽게 잊힌다. 게다가 왜곡되기도 쉽다. 기억력에만 의존하지 말아야 하는 이유다. 매번 히스토리를 파악하기 위해 메일이나 문서를 찾는 일도 비효율적이다. 시간이 오래 걸리고, 원하는 자료가 어디 있는지 기억해내야 하며, 경우에 따라 그 자료를 아예 찾지 못할 수도 있다.

이럴 때 업무 일지를 작성해 두면 히스토리 관리가 자동으로 이루어진다. 그날, 그 주에 한 일을 간략하게 기록해 두면 나중에 필요한 자료를 키워드만 떠올려 검색하면 쉽게 찾아낼 수 있다.

둘째, 업무의 오답노트다

틀린 문제를 또다시 틀리지 않기 위해 썼던 오답노트. '인간은 똑같은 실수를 반복한다'는 말처럼 우리는 많은 실수를 반복한다. 그런데 오답노트를 쓰면서 한 번 틀린 문제의 원리를 제대로 이해하고 복습하면 다음엔 쉽게 풀 수 있다. 이렇게 학생 때 썼던 오답노트처럼, 직장에서의 업무 일지도 같은 원리다.

회사에서 일어나는 많은 이슈 또한 반복된다. 업무 일지는 직장인이 쓰는 오답노트가 되어준다. 이슈가 발생했을 때 원인, 과정, 해결 방법을 기록해 보자. 이 부분을 적으며 문제를 해결했던 과정을 떠올린다. 이 과정에서 그 내용이 머릿속에 더 깊이 남게 된다. 어떤 일을 복기하고 기록하면 더 오래 기억할 수 있다. 추후 비슷한 문제가 발생했을 때 자신이 해결했던 경험을 떠올리며 더 효율적으로 대처할 수 있다. 이 때문에 직장 생활에서의 오답노트는 그 자체로 큰 무기가 된다. 업무 일지는 문제가 발생했을 때 해결할 수 있는 힌트를 주고, 정답을 빠르게 찾을 수 있는 지름길이 된다.

셋째, 체계적으로 일을 처리할 수 있다

업무 일지를 당신에게 맞는 방식으로 정리해 보자. 되도록 한눈에 들어올 수 있도록 정리하면, 업무를 더 체계적으로 처리할 수 있다. 만약 작성하는 방식이 맞지 않다고 느껴지면 언제든지 바꿔도 좋다. 일일 업무 일지가 부담스럽다면, 주간 업무 일지로 정리해도 충분하다. 중요한 것은 자신에게 맞는 방식을 찾고, 꾸준히 기록하는 것이다. 내가 실제로 사용했던 두 가지 방법을 소개하려 한다.

첫 번째는 데일리 기록 방식이다. 매일 아침 그날의 주요 목표와 해야 할 일을 간단히 적어두고, 끝날 때 완료한 일과 진행 중인 업무를 기록한다. 이 방식은 하루하루의 성과를 확인할 수 있고, 목표를 명확하게 설정하는 데 도움이 된다. 특히 단기적인 목표를 관리하기에 유리하다. 두 번째는 주간 업무 기록 방식이다. 매주 초 이번 주에 완료할 주요 업무를 설정한 후, 주말에는 한 주의 성과와 미완료 항목을 요약한다. 이 방식은 더 큰 프로젝트나 장기적인 업무를 관리하는 데 적합하다. 또한 주간 단위로 업무를 돌아보며, 한 주간의 흐름을 파악할 수 있다는 장점이 있다. 자신에게 맞는 방식을 찾아서 적용해 보자.

넷째, 조언이나 피드백을 기억할 수 있다

우리는 직장에 다니며 수많은 조언이나 피드백을 듣는다. 많은 조언과 피드백은 대체로 지나가는 말에서 나온다. 즉, 대체로 빠르게 지나간다. 따라서 그 말을 모두 기억하는 사람은 많지 않다. 보통 다음과 같은 말로 지나가며, 빠르게 잊힌다. “보고서 잘 쓰셨는데, 다음부터는 마케팅 용어에 각주를 꼭 달아주세요”라든지 "그거 아세요? 저희 사장님은 보고서 제목을 엄청 중요하게 보세요" 등. 대체로 기억해 두면 추후 업무를 할 때 도움이 되는 사실이다. 나는 업무 일지에 이렇게 지나가는 조언이나 피드백을 기록해 두는 편이다. 분명 나중에도 기억할 수 있다고 생각하지만, 한 달만 지나서 봐도 새롭게 느껴진다. 따라서 이를 기록하고 기억해 두면 문제를 개선하고 빠르게 성장할 수 있다.

다섯째, 이력서 작성에도 도움이 된다

업무 이력을 잘 기록해 두면 이력서 작성에도 도움이 된다. 업무 일지는 현 직장에서의 업무 성과에도 도움이 되지만, 이직을 위한 이력서 작성에도 좋다. 일반적으로 이직을 위해서는 자신이 어떤 업무를 해왔고, 어떤 성과를 냈는지를 증명해야 한다. 그런데 갑자기 이력서를 작성하는 상황은 큰 부담이다. 짧은 시간에 했던 일을 생각해 내고, 정리해서 써야 하니 해야 할 일이 너무 많다고 느껴진다.

이때 업무 일지를 활용해 보자. 자신이 했던 업무와 성과, 특히 정량적인 성과를 기록해 두면 이직을 위한 이력서 작성에도 큰 도움이 된다. 나도 이력서를 작성할 때 기억에 의존하기보다 업무 일지 기록을 참고해서 이력서를 작성했다. 또한 자기소개서에는 '평소 업무 일지를 작성했다'는 내용으로 성실함을 어필했다. 마지막에는 자기소개 자료 별첨으로 업무 일지의 일부 내용을 첨부

하기도 했다. 이 지점도 분명 면접 평가에서 긍정적인 영향을 줬다고 생각한다.

업무 일지에 유용한 기록 방법

1. Done / Doing / To do

한 일 / 하고 있는 일 / 할 일 3가지로 카테고리를 나눠 정리한다. 개인적으로는 이 3가지 카테고리로 나누는 방법을 사용할 때 트렐로Trello라는 도구를 이용하니 매우 편리했다. 트렐로Trello는 칸반 보드 형식에 프로젝트 단위 카드로 일정 관리를 할 수 있다. 완료한 일은 이슈가 있었거나 특별한 성과가 있었을 경우 간단한 코멘트를 남긴다. 진행 중인 일은 챙겨야 할 사항과 업무 기한을 적는다. 나는 시간이 촉박한 상황을 좋아하지 않기 때문에, 기한보다 적어도 하루 전에는 업무를 마무리하는 것을 목표로 한다. 앞으로 해야 할 일은 우선순위나 중요도를 적어두면 일정 관리에 도움이 된다. 중요한 프로젝트가 있다면, 부가적으로 진행 중인 일을 가능한 한 빨리 끝내는 식으로 시간 관리를 한다. 이런 식으로 3가지 범주로 나눠 일을 체계적으로 관리하고, 각각 그에 맞는 피드백을 받아 일지를 작성할 수 있다.

이렇게 기록하면 가독성도 높아져서 편리하다. 기록하면서 자연스럽게 머릿속에서도 업무가 정리된다. 업무 진행 상황을 알고 있다고 '생각하는 것'과 손으로 직접 '정리하는 것'은 다르다. 진행한 일과 해야 할 일을 명확히 파악할 수 있으니, 업무 현황 보고나 주간 보고 시에도 매우 유용하다.

이처럼 업무 일지는 일의 기록이자 오답노트며, 동시에 업무 현황을 한눈에 파악할 수 있게 돕는다. 시간이 지나면서 쌓이는 업무 일지는 직장 생활의 질을 높이는 데 큰 역할을 한다.

2. KPT 회고

업무 일지는 단순히 일에 대한 기록에서 끝날 수 있지만, 일기처럼 사용할 수도 있다. 개인적으로는 감상, 반성, 다짐과 같은 내용을 추가하니 멘탈 관리에도 큰 도움이 됐다. 자기 성찰을 하며 스스로 성장할 수 있고 스트레스 관리에도 효과가 있다. 특히, 힘든 하루를 보낸 날에도 긍정적인 측면을 찾아보는 습관은 멘탈 회복에 도움이 된다. 이렇게 일기처럼 작성한 업무 일지는 업무 기록 이상의 역할을 한다. 장기적으로는 직장 생활을 동기부여하고 지속할 수 있게 해준다.

이처럼 개인적인 감상을 포함한 기록 위주로 작성하고 싶다면, KPT 회고 양식을 추천한다. 나는 업무 진행 내용은 일 단위로 기록하고, KPT는 주 단위로 기록하면서 스스로를 돌아보았다.

- Keep(잘하고 있는 점): 자신의 강점이나 잘하고 있는 부분을 적는다. 최근 성과를 내고 있는 것도 여기에 포함된다. 성공 경험도 해당되므로, 잘하고 있고 유지하고 싶은 부분을 적는다. 나의 성과를 기록하고, 그 요인을 분석하는 과정이다. 이를 통해 강점은 더 강화할 수 있도록 돕는다.

- Problem(문제점): 문제점이나 아쉬웠던 점을 적는다. 개선이나 변화가 필요한 부분을 기록해, 앞으로 비슷한 문제가 다시 발생하지 않도록 하는 목적이다. 문제 인식이 문제 해결의 첫걸음이다. 단, 지나친 반성이나 자책은 금물이다. 문제가 있었다면 그 원인을 찾고 개선하는 게 목적이지, 스스로를 비난하는 게 목적은 아니다.

- Try(문제점의 해결책, 당장 실행할 일): 문제에 대한 해결책이나 실행해야 할 일을 적는다. 또는 새로 도전하고 싶은 시도를 적어도 좋다. 사소한 시도도 괜찮고, 도전적인 목표도 괜찮다. 다만, 구체적으로 작성해 당장 실행할 수 있도록 계획해야 한다. 예를 들어, '업무 관련 책 읽기'보다는 '5월에 무역 실무 책 2권 읽기'처럼 구체적인 목표나 계획으로 작성하는 방법이 좋다.

Keep	• 강점 • 잘하고 있는 일 • 유지하고 싶은 부분	Try	• Problem의 해결책 • 당장 실행할 사항 • 도전하고 싶은 목표
Problem	• 문제점 • 개선이 필요한 점 • 불편한 점		

07 주기적인 커리어 관리, 이력서

이력서는 주기적으로, 미리 업데이트한다

이력서는 구직이 필요할 때 닥쳐서 쓰기보다 미리 써두는 편이 좋다. 바로 앞장에서 다뤘던 업무 일지가 이력서 작성을 수월하게 만든다. 추천하는 방법은 주기적으로 자신의 이력서를 업데이트해 보는 것이다. 갑작스럽게 이직 기회가 생겼을 때, 급하게 이력서를 작성해야 하는 상황을 생각해 보자. 마감 기한이 촉박할 경우, 기존 일정을 조정해야 할뿐더러 막상 작성하려면 어떤 내용을 써야 할지 막막하다. 미리 준비를 해두면 좋은 기회가 왔을 때 효율적으로 대응할 수 있다.

또 다른 장점은 커리어와 성과를 주기적으로 점검할 수 있다는 점이다. 예를 들어, 1년에 한 번 이력서를 업데이트한다고 하면, 작년에 비해 업데이트된 성과를 확인할 수 있다. 성과를 돌아보며 새로운 기회를 노릴 수도 있고, 성장이 더디다고 느낀다면 새로운 목표를 세울 수 있다.

나도 1년에 한 번은 스스로를 점검하기 위해 이력서를 업데이트한다. 신입 사원 때 한 선배가 이 방법을 알려주었다. 그 선배는 당시 회사에 경력직으로 입사해서 일 잘한다고 소문이 났던 직원이었다. 같이 야근을 하던 중 선배는 6개월에 한 번은 이력서를 업데이트한다고 알려주었다. 이유를 묻자, 이직 의사가 없더라도 이력서를 작성하는 그 자체만으로 동기부여가 되고, 기회가 왔을 때 빠르게 잡을 수 있어야 한다고 말했다. 또한 평소 이력서를 주기적으로 업데이트하면 시장에서 자신의 가치를 알기 쉽다고 했다. 실제로 링크드인이나 원티드 같은 채용 사이트에 이력서를 업데이트해 보면 제안을 받고, 이직 기회를 얻을 수도 있다.

돌이켜보면 신입 후배에게 이력서를 업데이트하라는 조언은 당시 회사에서 알면 싫어할 만한 조언이 아니었을까 싶다. 그런데 당시 내게는 감사한 조언이자 새로운 인사이트였다. 실제로 그 선배는 1년 후에 몸값을 엄청나게 올려서 이직을 했다. 덕분에 나도 평소 주기적으로 이력서를 업데이트하고, 성장 동기부여를 받고, 다양한 기회를 얻었다. 덕분에 원하는 직장으로 이직도 할 수 있었다. 직장을 안정적으로 잘 다니고 있지만, 여전히 이력서는 주기적으로 업데이트해야 한다는 사실을 잊지 않는다.

이력서 작성의 기본 원칙

신입과 경력직의 같은 원칙, 다른 접근

신입 사원과 경력직 모두 이력서를 작성할 때 기본 원칙은 비슷하지만, 접근 방식에서 차이가 있다. 일반적으로 신입 사원은 직무 경험이 부족하기 때문에, 회사의 인재상에 맞는 경험을 강조해야 한다. 직무 경험이 부족하다면 해당 직무에서 요구하는 역량을 분석한 후, 이를 다른 경험을 통해 어떻게 보여줄 수 있을지를 고민해야 한다. 예를 들어, 학교 프로젝트에서 팀워크를 발휘해 문제를 해결한 경험을 강조하거나, 공모전에서 창의적인 아이디어로 상을 받은 경험을 직무 역량과 연결할 수 있다. 이처럼 직무와 관련된 경험이 부족할 경우, 다른 활동을 통해 해당 역량을 키웠음을 보여주자.

반면, 경력직은 지금까지의 커리어와 경험을 바탕으로 연속성을 강조하는 것이 중요하다. 단순히 과거에 해왔던 일을 나열하는 방식보다 그 경험이 현재 지원하는 직무에 어떻게 기여할 수 있는지 설명해야 한다. 특히 과장급 이상의 관리직 포지션에 지원할 때는 조직을 이끌어본 경험, 리더십 역량, 팀 성과를 관리하며 얻은 성과를 드러내는 방식이 좋다. 예를 들어, 프로젝트를 이끌며 매출을 올렸다거나 팀 목표를 달성한 성과를 정량적으로 표현하면 신뢰도가 높아진다.

신입과 경력직의 공통적인 기본 원칙

첫째, 핵심 역량을 강조하자. 이력서의 가장 중요한 목적은 지원하는 직무에 적합한 역량을 보여주는 것이다. 특히 성과를 수치적으로 표현하면 더욱 설득력이 높아진다. 예를 들어, '프로젝트의 납기를 2개월 단축'하거나 '매출을 20% 상승시킨 경험'과 같은 구체적인 수치를 사용해 자신의 성과를 강조하자. 수치로 드러나는 성과는 객관적으로 평가할 수 있어 더 큰 신뢰를 준다.

둘째, 포트폴리오를 적극 활용하자. 직무에 따라 포트폴리오를 함께 제출하는 것이 필수일 수 있다. 디자이너, 마케터, 개발자 등은 구체적인 작업물을 이력서와 함께 제출하여 자신의 역량을 시각적으로 증명할 수 있다. 예를 들어, 마케터는 특정 캠페인을 기획하고 성과를 분석한 보고서를 포트폴리오로 제출할 수 있다. 캠페인 기획부터 실행, 성과 분석까지 전 과정을 보여주는 포트폴리오는 그 마케터의 전략적 사고 능력과 성과를 증명하는 자료가 된다. 인사 담당자의 경우, 팀원의 성과 평가 보고서나 조직 내 커뮤니케이션 개선 방안, 인재 개발 프로젝트 성과를 정리한 자료를 제출하면 유용하다. 예를 들어, 인사 관리 시스템을 개선하거나 교육 프로그램을 도입한 경험이 있다면, 그 결과를 수치로 나타내어 포트폴리오에 포함하면 좋다. 이러한 포트폴리오는 직무 능력을 증명하는 강력한 도구로 활용될 수 있다.

일관성과 맞춤형 작업

다양한 이직 플랫폼을 사용할 경우, 각 이력서 내용을 일관되게 만드는 작업을 해야 한다. 요즘에는 링크드인이나 리멤버처럼 프로페셔널 네트워킹 사이트를 함께 사용하는 경우가 많다. 각 이력서와 온라인 프로필이 일관성을 유지하도록 신경 쓰자. 온라인 프로필에 업데이트된 경력 사항이 이력서와 일치하지 않는다면 신뢰도가 떨어질 수 있다.

또한 이력서는 지원하는 회사와 직무에 맞게 맞춤형으로 작성하는 것은 기본이다. 모든 회사에 같은 이력서를 제출하는 것은 금물이다. 지원하는 회사의 비전이나 핵심 가치를 조사하고, 그와 연관된 경력과 성과를 이력서에 드러내자. 그렇게 하여 이력서를 검토하는 사람이 자신을 그 회사와 직무에 꼭 맞는 맞춤형 인재라고 생각하게 하자. 한마디로 이력서를 제출할 때 지원하는 회사 이름을 가려도 어느 회사에 제출하는지 알 수 있을 만큼 맞춤형으로 신경 써서 작성해야 한다.

이력서 양식 참고하는 법

이력서를 작성할 때는 채용 사이트에서 제공하는 양식을 활용하는 것이 좋다. 예를 들어, 원티드 같은 채용 사이트에는 정해진 이력서 폼이 준비되어 있어 쉽게 사용할 수 있다. 또는 구글 검색을 통해 다양한 이력서 양식을 참고할 수 있다. 특히 각 직무나 회사에 맞춘 다양한 양식을 쉽게 찾을 수 있다.

가능하다면 헤드헌터를 통해 지원하는 방법도 좋다. 헤드헌터는 이력서 양식을 제공해 주거나, 요청하면 더 유용한 양식을 받을 수 있는 경우가 많기 때문이다. 또한 전문가의 피드백을 받으며 이력서를 작성할 수 있어 완성도를 높일 수 있다.

요즘은 챗GPT와 같은 인공지능 도구를 활용해 이력서를 작성하는 방법도 있다. 지원할 회사나 직무, 선호하는 양식을 구체적으로 설명하면, 챗GPT가 내게 맞는 이력서 양식을 제안해 준다. 요청하면 워드 파일DOCX 형식으로 양식을 다운로드할 수도 있다. 이렇게 최신 도구를 활용하면 맞춤형 이력서 양식을 쉽게 얻을 수 있다.

이직의 기술, 서류 통과부터 면접까지

첫째, 채용 공고 분석부터 시작하자(Job Description & 인재상)

채용 공고는 구직의 첫 단계다. 이력서를 작성하기 전에, 채용 공고에서 Job Description JD과 인재상을 분석하는 것이 가장 중요하다. JD는 해당 직무에서 기대하는 역량과 업무 범위를 구체적으로 제시하므로, 그 내용에 맞춰 이력서와 자기소개서의 방향을 설정해야 한다.

JD 분석 팁을 살펴보자. 먼저, JD의 키워드를 찾아라. 예를 들어, '팀워크', '문제 해결 능력', '커뮤니케이션 역량'과 같은 단어들은 해당 회사가 가장 중요하게 여기는 대표적인 역량이다. 이 키워드를 이력서에 구체적인 사례로 반영하자. 그다음은 인재상을 확인해 보자. 기업이 선호하는 인재상이 무엇인지 살펴보면 이력서 작성에 도움이 된다. JD와 인재상을 분석하면 이력서와 자기소개서에 업무 역량과 강점을 어떻게 반영할지 힌트를 얻을 수 있다.

둘째, 이력서는 첫 번째 면접과 같다

서류는 첫 번째 면접 단계이자 족보다. 면접관은 이력서와 자기소개서를 면접의 기준으로 삼는다. 이 때문에, 서류 작성 단계부터 면접에서 어떤 질문을 받을지 미리 고려해야 한다. 이력서와 자기소개서에서 강조한 내용이 면접에서 중요한 대화 주제가 될 확률이 높기 때문이다.

먼저, 구체적인 사례를 제시해서 신빙성을 높이자. 이력서와 자기소개서에 작성하는 내용은 구체적인 성과나 경험으로 근거를 뒷받침해야 한다. 만약 '팀 프로젝트에서 리더십을 발휘했다'고 쓴다면 어떤 프로젝트였는지, 구체적으로 어떤 문제를 해결했는지를 명확히 서술하자. 자신의 경험을 바탕으로 일부 표현을 재구성할 수는 있겠으나, 거짓으로 서술해서는 안 된다. 거짓말은 드러나기 쉬우며, 드러날 경우 신뢰를 크게 무너뜨린다.

서류에 작성한 내용은 면접에서 더 심도 있는 질문으로 이어질 수 있다. 따라서 이 내용은 잘 알고 있어야 하며 준비를 반드시 해야 한다. 면접관은 대부분 서류에 작성한 경험을 궁금해 하며, 더 깊이 물어볼 확률이 높다. 따라서 자신이 주로 어필하고 싶은 경험이나 스킬을 서류에 잘 드러나게 작성하고, 면접 준비할 때 더욱 자세하게 준비하자.

예를 들어, '팀 내 갈등을 해결한 경험'을 서류에 썼다면, 면접에서 '어떤 상황이었고, 어떻게 해결했는지' 구체적으로 답변 준비를 해야 한다. 이렇게 면접을 원하는 방향으로 이끌어갈 수 있는 게 서류다. 면접을 고려한 서류 작성은 면접에서 주도권을 쥘 수 있는 강력한 무기가 된다.

셋째, 이력서 작성과 면접을 위한 준비 전략

이력서는 회사와 직무에 맞추어 작성하자. 모든 이력서는 지원하는 직무에 맞춰 커스터마이징되어야 한다. 예를 들어, 마케팅 직무에 지원할 때와 HR 직무에 지원할 때는 각각의 직무에 필요한 역량과 경험을 중심으로 이력서를 작성해야 한다.

앞서 말했듯, 서류에서 이야기한 프로젝트나 성과를 실제로 어떻게 이끌어냈는지 설명할 수 있어야 한다.

면접 답변을 준비할 때, STAR 기법을 활용하면 도움이 된다. 면접에서 나올 만한 예상 질문에 상황Situation, 과제Task, 행동Action, 결과Result 순으로 답변을 정리하자. 이 방법은 면접관에게 문제를 해결한 구체적인 과정을 명확히 전달하는 데 도움을 준다.

자기소개서도 하나의 스토리텔링이다. 단순히 성과 나열만 하기보다는 직무와 연관된 스토리텔링을 하면 효과적이다. 자기소개서에 담긴 스토리는 면접에서 구체적인 질문으로 이어지기 때문에, 직무와 관련된 경험을 중심으로 스토리를 전개하는 전략을 쓰자. 서류는 면접에서 자신이 드러내고 싶은 역량 위주로 이야기가 흘러가도록 설계하는 과정이다.

이처럼 구직의 모든 과정은 연결되어 있다. 채용 공고 분석, 이력서 작성, 자기소개서 작성, 면접은 따로따로가 아니라 하나의 흐름으로 연결된다. JD와 인재상을 기반으로 이력서를 작성하고,

이력서와 자기소개서에서 이야기한 내용이 면접으로 이어지도록 전체적인 구직 전략을 짜야 한다.

서류부터 면접까지 일관성을 갖자. 이력서, 자기소개서, 면접에서 전달되는 메시지가 같은 흐름으로 이어져야 한다. 서류에서 강조한 역량과 성과가 면접에서 자연스럽게 설명되어야 하며, 기업의 필요 요건과 나의 역량이 어떻게 매칭되는지 명확히 보여주는 것이 핵심이다.

이제 커리어를 기반으로 이력서를 업데이트해 보자. 당장 이직할 생각이 없더라도, 정리하면서 내가 어떤 부분을 강화하고 보완해야 할지 깨닫게 된다.

marketing

chatGPT

SNS

4장

글쓰기도 트렌드를 알아야 한다

01

마음을 움직이는 마케팅 글쓰기

우리는 모두 마케터이자 세일즈맨이다

우리는 사람의 마음을 움직이기 위해 글을 쓴다. 여기서 우리가 알아야 할 사실은, 사람의 행동을 이끄는 것은 설득을 넘어서는 '공감'이라는 사실이다. 사람의 마음을 움직이고 원하는 바를 얻는 행위는 마케팅, 세일즈와도 연결된다. 마케팅 글쓰기는 사람의 행동을 유도하고 설득하는 글쓰기이기 때문이다.

우리는 모두 무언가를 파는 사람이다. 직장에서 당신이 월급을 받는 이유는 당신의 능력을 팔아서 회사에 원하는 결과를 주기 때문이다. 교사는 자신이 가진 지식을 판다. 예술가는 자신의 예술적 역량과 영감을 판매한다. 회사에서 당신이 작성한 보고서는 상사에게 당신의 능력을 팔아 인정받고 더 많은 결과물을 얻도록 도와준다. 이처럼 보고서 한 장도 마케팅과 세일즈의 한 과정으로 이해할 수 있다. 우리가 마케팅 담당자가 아니더라도, 무언가를 판매하지 않더라도 마케팅 글쓰기를 알아야 하는 이유다.

마케팅 담당자는 말할 것도 없다. 요즘은 회사에서 자체 채널을 활용한 홍보가 당연한 시대다. 유튜브, 블로그, 인스타그램과 같은 소셜미디어를 잘 다루는 것은 기본 역량이자 환영받는 스킬이 됐다. 게다가 트렌드도 잘 알아야 한다. 트렌드를 잘 활용하면 독자에게 친근하게 다가갈 수 있다. 직장에서 보고서나 기획안을 쓸 때도 최신 트렌드나 이슈를 분석하고 반영하면, 설득력을 높일 수 있다. 마케팅뿐 아니라 다른 직무도 마찬가지다. 공통으로 마케팅 사고가 필요하다.

예를 들어보자. 인사 담당자의 고객은 누구일까? 먼저, 회사의 직원이 고객이다. 회사 복지나 이벤트 참여를 독려하는 마케팅을 해야 한다. 때로는 회사 채용 포지션의 입사 지원자가 고객이 되기도 한다. 우수한 인재가 많이 지원할 수 있게 회사의 좋은 점을 홍보하고 어필해서 고객 유입을 늘어와야 한다. 회사 채널을 활용해 홍보 콘텐츠를 만들고, 확산시켜야 한다. 채용 공고도 마케팅 사고와 원칙을 적용해서 써야 한다. 내년도 예산을 받아오는 등 회사의 중요 의사 결정을 할 때는 어떨까? 경영진이 고객이 된다.

경영진에게 원하는 결과를 얻기 위해 논리적으로 설득하는 글을 써야 한다.

인사 담당자를 예시로 들었지만, 이처럼 마케팅 사고와 글쓰기는 모든 직무에 공통으로 필요하다. 직장인이라면 제품이나 서비스를 이해하고 누군가를 설득해야 하는 순간이 자주 찾아오기 마련이다.

따라서 프로젝트를 진행하거나 기획할 때, 마케팅과 세일즈 측면에서 바라보고 접근할 수 있어야 한다. 먼저, 평소 앞의 사례처럼 고객을 먼저 설정하고, 그에 맞게 포지셔닝하는 마케팅 사고를 갖추자. 우리가 앞서 글쓰기를 할 때 독자를 설정한 것과 비슷한 맥락이다. 다만, '독자'보다는 '고객'으로 접근하면, 글의 목표가 정보 전달을 넘어 실질적인 가치를 제공하는 데 초점을 맞출 수 있다. 즉, 고객이 원하는 해결책을 제시하고 새로운 인사이트를 제공할 수 있게 된다. 결론적으로, 보다 실질적이고 고객 지향적인 글쓰기를 할 수 있다.

고객 지향적 글쓰기

고객 지향적 글쓰기는 모든 직무에서 충분히 활용 가능하다. 앞서 설명한 마케팅 사고를 갖춘 후 실제로 글쓰기에 적용해 보

자. 먼저, 마인드 세팅을 해보자. 이제 당신은 마케터고 세일즈맨이다. 마케팅 글쓰기로 사람의 마음을 움직여 보자.

가장 먼저 할 일은 '고객 정의하기'다. 쉽게 말해 누구를 설득할지 정하는 단계다. 앞서 상황에 따라 인사 담당자의 고객이 달라진다는 예시를 살펴봤다. 이를 다시 한번 정리해 보았다. 고객별 특성을 고려해서 '고객 지향적' 글쓰기를 해보자.

인사 담당자의 고객 지향적 글쓰기

고객별로 글의 목적과 특징이 다르다. 고객 맞춤형 글쓰기를 해

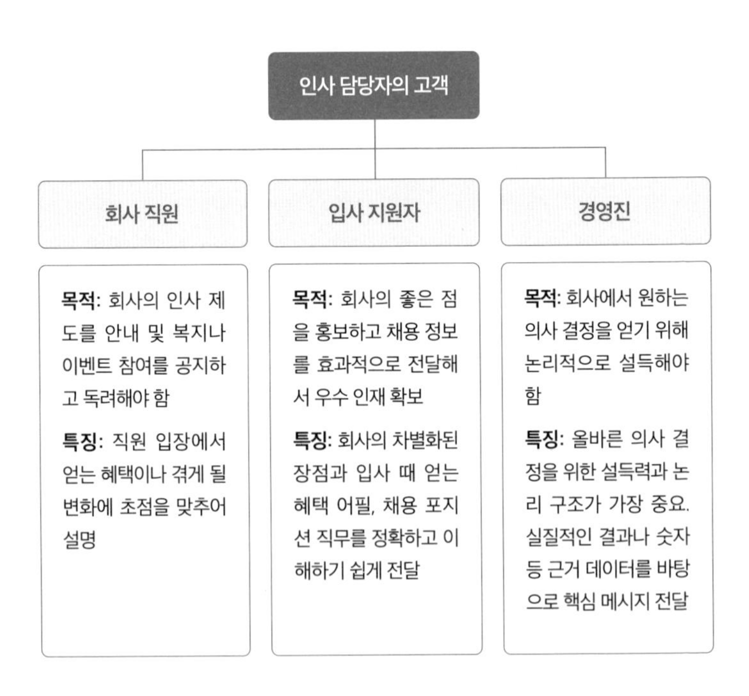

야 하는 이유다. 심지어 같은 사실을 전하더라도 다른 전략을 써야 한다. 목적과 특징이 다르기 때문에 이를 고려해서 써야 효과적이다.

예를 들어, '유연 근무제 도입'이라는 안건을 고객별로 다르게 표현하는 방법을 살펴보자. 고객에 맞춰 글의 어조나 표현 방식이 달라진다.

고객별 유연 근무제 도입을 전달할 때

- 회사 직원 대상: 친근하고 이해를 돕는 어조를 사용하는 게 좋다. 새로운 정책으로 직원에게 주어지는 변화와 주어질 혜택을 명확히 설명해야 한다.

예시 "내년 1월자로 새로운 근무 시간 정책인 유연 근무제가 도입됩니다. 기존 정해진 출퇴근 시간이 아닌, 원하는 시간에 자유롭게 출퇴근을 하는 프로세스로 변경됩니다. 이번 변화는 임직원 여러분의 업무 효율을 높이고, 워라밸 만족도를 높이기 위해 도입 결정되었습니다. 이번 변화로 더 나은 근무 환경이 형성되기를 기대합니다."

- 입사 지원자 대상: 회사의 강점과 업무 환경을 어필해야 하므로, 긍정적인 어조로 장점을 강조해야 한다. 정책의 전후 변

화만 설명하는데 그치지 않고 회사의 비전과 일하는 문화를 먼저 설명한다.

예시 "우리 회사는 직원의 워라밸을 잘 유지할 수 있는 문화를 지향합니다. 이러한 비전을 반영해서 유연 근무제를 도입하였습니다. 직원의 라이프 스타일에 맞게 자율적으로 출퇴근할 수 있습니다. 이와 같은 변화는 회사와 직원의 지속 가능한 동반 성장을 지향하기 위함입니다."

- 경영진 대상: 정책 도입 배경과 기대 효과를 중심으로 설명한다. 논리와 설득력을 높이기 위한 근거 데이터를 함께 서술한다. 공식적인 표현과 어조를 사용해야 한다.

예시 "유연 근무제 도입으로 연간 인력 효율 향상을 예상합니다. 유연 근무제로 직원의 업무 집중도가 높아지고, 업무 생산성 향상과 이직률 감소를 기대할 수 있습니다. 이와 같은 이유로 국내 대기업의 56% 이상이 유연 근무제를 시행하고 있습니다. 이번 정책 변화는 직원 만족도를 높일 뿐 아니라 외부에서 우수 인재를 유치하는 목적도 있습니다. 결과적으로 회사의 경쟁력을 강화하는 전략적인 정책으로 자리 잡을 수 있습니다."

이처럼 같은 안건이라도 다르게 써야 한다. 만약 경영진을 대상으로 글을 쓸 때, 단순히 '임직원 워라밸 향상'이라는 목적만 내세운다면 해당 안건은 승인받기 어려울 수 있다. 먼저 독자를 고객으로 바라보고, 그 고객이 무엇을 바라보는지 따라가 보자. 고객의 시선에 답이 있다. 글쓴이의 입장에서 쓰지 말고, 고객의 입장에서 고객 지향적 글을 쓰자.

결핍을 채워주는 한 문장

이제 더 나아가 마케팅 글쓰기를 직장에서 뿐 아니라 범위를 넓혀 적용해 보자. 지금부터 소개할 내용은 직장에서는 물론 일상에서도 적용해 볼 수 있다. SNS 채널을 키우거나 브랜딩 하기에도 유용하다. 물건이나 서비스를 팔기 위한 글을 쓸 때도 마찬가지다. 마케팅 글쓰기 원칙은 보편적으로 어디에나 적용할 수 있다.

마케팅 글쓰기의 시작은 무엇일까? 바로 고객이 자신의 결핍을 깨닫게 만드는 과정이다. 누구나 분야는 다르지만 무언가에 부족함이나 불편함을 느낀다.

당신이 이 책을 선택해서 읽게 된 과정을 떠올려보자. 만약 이 책의 제목에 이끌렸다고 가정해 보자. 당신은 몸값을 올리고 싶어 하는 사람이거나, 직장에서 글쓰기에 대한 불편함을 느끼거나 두려움을 느끼는 사람일 수 있다. 이러한 부족함을 채우거나, 불편함을 없애기 위해 책을 읽고 있을 확률이 높다. 마찬가지로, 독자도 스스로의 결핍과 불편함을 해소하기 위해 당신의 글을 읽는다. 이처럼 당신이 글로 독자의 특정 행동(구매, 의사 결정 등)을 유도하고 싶다면, 가장 먼저 해야 할 일은 그들의 결핍을 발견하는 일이다. 그 결핍을 해결해 주는 것이 마케팅 글쓰기의 핵심이다.

글을 쓰기 전에 고객을 정해서 유심히 관찰하자. 고객이 가진 문제를 어떻게 해결해 줄 수 있을지 고민하는 과정이 필요하다. 시간이 더 걸리더라도 글의 목적을 찾아야 한다.

예를 들어, 많은 직장인이 야근으로 불편함을 겪는다. 이 문제를 해결해 주는 글은 야근하는 많은 직장인의 관심을 끌기에 충분하다. 문제와 해결책을 찾아보자. 그다음 고객이 문제를 인식하고 해결책을 원하게 만들자. 문제를 제기해서 관심을 끌고, 해결책을 제시해서 그것을 원하게 만들자. 구체적일수록 좋다. 예를 들어, 업무 생산성을 높여주는 서비스가 해결책이고, 서비스 소개 글을 쓴다고 하자.

- 업무가 많이 쌓이셨나요?

위처럼 누구에게나 할 수 있는 표현은, 누구에게도 통하지 않는다. 그런데 해결책을 함께 언급하면, 보다 구체적이고 효과적인 표현이 된다.

→ 칼퇴근 후 나만의 시간을 갖고 싶으신가요?(결핍 채워주기)

→ 야근은 이제 그만, 매일 정시 퇴근하고 싶으신가요?(불편함 해소)

앞서 보편적인 문제 제기에서, 결핍과 불편함을 해결해 주는 문장이 된다. 이처럼 구체적인 문장은 독자로 하여금 문제를 인식하게 만든다. "이거 내 얘기인데?" 하는 순간 마음이 움직이기 시작한다. 그다음 해결책으로 제품이나 서비스와 연결되게 한다. 하지만 단순히 해결책 제시로는 충분하지 않다. 독자의 마음을 사로잡기 위해서는 한 단계 더 심도 있는 전략이 필요하다.

여기서 필요한 것은 '서사'다. 서사는 문제 제기부터 해결책에 이르기까지 글의 모든 과정에서 독자의 감정을 움직이게 하는 중요한 요소다. 이때 '연결 효과'를 활용하면 서사가 더 강력해진다. 연결 효과는 감정이 그와 연관된 기억을 더 잘 떠올리게 만든다. 감정과 기억은 서로 연결되어 저장되기 때문이다.

감정은 기억을 더 생생하고 오래 간직할 수 있게 만드는 강력한 요소다. 따라서 독자가 어떤 문제를 겪었을 때 느끼는 감정과 해결책을 함께 제시할 때 더 오래 기억하고, 설득되기 쉽다. 예를 들어, 직장인이 야근을 해야 하는 고충과 괴로운 감정을 떠올리게 하고, 정시 퇴근을 가능하도록 돕는 솔루션을 제시하는 것이다.

감정적으로 연결된 글은 설득력을 얻고 더 큰 힘을 가지게 된다.

서사가 마음을 움직인다

서사가 있는 글은 독자의 감정을 건드리고, 자연스럽게 몰입되게 만든다. 일반적으로 사람은 단순한 정보나 설명보다는 공감할 수 있는 이야기에 더 반응한다. 제품이나 서비스도 마찬가지다. 기능이나 이점만을 나열하는 것보다 어떤 배경에서 탄생했고, 그 과정에서 어떤 철학을 담았고, 누구에게 도움이 되었는지 이야기하면 더 큰 공감을 얻을 수 있다. 그 과정에서 독자는 단순히 제품이나 서비스로 인해 문제를 해결하는 것 그 이상의 의미를 찾게 된다.

앞서 살펴본 연결 효과를 활용하면, 독자가 문제와 해결책을 감정과 연관 지어 생각하게 된다. 마케팅에서는 이를 내러티브Narrative 전략이라고도 한다. 내러티브, 즉 서사는 이야기 줄거리뿐 아니라 그 이야기를 전달하는 구조나 표현 방식, 관점까지도 포함한다. 같은 사건이라도 서사에 따라 다르게 받아들여질 수 있다. 우리가 드라마나 영화를 볼 때, 주인공의 감정에 몰입하는 이유도 대부분 작품에서 '주인공 서사'를 주로 보여주기 때문이다. 따라서 같은 상품이더라도, 이야기를 어떻게 풀어가느냐에 따라 고객의 공감을 사거나 혹은 외면받을 수 있다.

해당 브랜드를 열렬히 사랑하는 팬이 많은 브랜드를 생각해 보자. 애플, 테슬라, 나이키 등 충성도 높은 팬층을 보유하고 있는 브랜드는 모두 고객과 감정적으로 연결된 강력한 브랜드 서사를 가지고 있다.

애플의 전 CEO 스티브 잡스는 1997년 광고 'Think different' 제작 배경을 다음과 같이 설명했다.

> "우리는 사람들이 우리에 대해 알았으면 하는 것들을 명확하게 알고 있어야 합니다. 나이키는 신발을 파는 회사입니다. 하지만 나이키를 떠올릴 때 단순 신발 회사가 아닌 다른 무언가가 생각납니다. 나이키는 광고에서 결코 제품에 대해 이야기하지 않습니다. 나이키 에어 운동화가 왜 리복의 에어 운동화보다 더 좋은지 이야기하지 않아요. 그들은 위대한 운동선수들에게 경의를 표하고 위대한 스포츠 역사를 기립니다. 그것이 나이키의 정체성이고 나이키가 존재하는 이유입니다. 애플의 핵심, 우리의 가치는 '우리는 열정을 가진 사람들이 세상을 보다 나은 곳으로 바꿀 수 있다고 믿는다'는 것입니다. '다르게 생각하라.Think different' 남들과 다르게 생각하며 이 세상을 진보시킨 사람들에게 경의를 표하는 것. 그것이 우리의 본질이고 애플의 정체성입니다."

이후 애플은 소비자에게 혁신을 상징하는 브랜드로 자리 잡는다. 이 사례만 봐도 왜 애플이 소비자에게 사랑받는 브랜드인지 알 수 있다. 서사가 있는 브랜드는 사람을 끌어들인다. 같은 제품이라도 소비자는 '지속 가능성을 생각하는 친환경 브랜드' 제품을 선호한다. 그 브랜드 철학에 동의한다면, 심지어 더 비싸더라도 그 제품을 산다. 제품의 기능 그 자체를 넘어서 브랜드의 가치와 연결된 서사를 소비하는 것이다. 그런데 이 내러티브 마케팅은 단순히 기업의 브랜드에만 국한되어 있지는 않다. 개인도 자신의 브랜딩에 서사를 담을 수 있으며, 자신의 제품이나 서비스를 판매할 때도 얼마든지 서사를 활용한 글을 쓸 수 있다.

직장인이든 SNS 인플루언서든 자신만의 가치관과 독특한 경험을 이야기하면 하나의 개인 브랜드로 자리 잡을 수 있다. 예를 들어, 직장에서 프로젝트를 성공적으로 마무리해서 그 소감을 나눌 때조차, 서사를 담아 전달하면 그 성취가 더 특별하게 받아들여진다. SNS에서도 마찬가지다. 개인의 성장 과정이나 일상 속 도전, 성취를 이야기로 풀어내는 방식으로 팔로워와 공감대를 형성할 수 있다. 많은 사람이 얼굴도 모르는 다른 사람의 '미라클 모닝 챌린지'나 '수험생 브이로그'를 보는 이유도 비슷한 맥락이다. 대체로 단순 정보보다는 감정적으로 연결될 수 있는 이야기에 더 반응한다.

이처럼 진솔한 자신의 이야기를 담아보자. 단, 지루한 성공담이나 자랑에 그쳐서는 안 된다. 반드시 자신만의 철학과 가치를 담아내야 한다. 특정 브랜드나 개인을 그저 따라 해서는 안 된다. 모방은 창조의 어머니라지만, 서사는 예외다. 진정성이 담겨야 한다. 꾸며낸 이야기는 오히려 역효과를 가져올 수 있다. 언젠가 가짜는 드러나기 마련이다.

자신이 겪은 경험이나 생각을 솔직하게 담아내면 독자에게 신뢰를 줄 수 있다. 예를 들어, 자기소개서 첨삭 서비스를 판매한다고 해보자. 단순히 자신이 대기업 인사팀에 재직 중이고, 경력은 얼마고, 첨삭을 얼마나 했는지만 나열하면 개인의 성공담에 그치는 '평범한 마케팅 글쓰기'가 된다. 여기에 더해 자신만의 서사를 담으면 어떨까.

'내가 취업 준비를 하는 동안 자기소개서를 얼마나 썼고, 그 과정에서 많은 어려움을 겪어봤고, 수많은 노력 끝에 특별한 자신만의 노하우를 갖게 되었다. 그 결과 지금은 대기업 인사팀에서 수많은 자기소개서를 검토하게 되었다. 많은 자기소개서에 그 노하우가 담겨 있지 않아 탈락하는 모습을 보며 안타까움을 느낀다. 다른 사람도 자기소개서의 노하우를 빨리 깨닫고 시행착오를 덜 겪었으면 좋겠다.'

이러한 서사를 더하면 메시지가 훨씬 강력해진다. 당신이 일명 흑역사라고 생각했던 내용이 마케팅에서는 서사가 되어 글의 완성도를 높이고, 독자의 마음을 움직인다.

행동을 이끌어내는 글쓰기

마케팅 글쓰기의 핵심은 궁극적으로 독자의 행동을 유도하는 데 있다. 앞서 문제를 제시하고, 서사를 담아 공감을 이끌어냈다면 마지막은 행동을 유도하는 단계다. 아무리 문제를 제시하고 이야기를 담았더라도, 독자가 어떤 행동을 취해야 하는지 모른다면 글의 완성도는 떨어진다. 결국, 독자의 행동을 원하는 방향으로 유도하는 것이 중요하다.

가장 좋은 글은 사람의 행동을 바꾸는 글이다. 마케팅 글쓰기의 목적은 독자가 그에 따라 무언가를 실행하게 만드는 데 있다. 글을 읽고 나서 독자가 작은 행동이라도 실천할 수 있도록 구체적인 방향을 제시해줘야 한다.

그런 점에서 CTA Call To Action는 중요한 역할을 한다. CTA는 '사용자의 반응을 유도하는 장치'를 의미한다. 쇼핑몰 웹사이트에서 흔히 볼 수 있는 버튼, 배너 혹은 링크가 이러한 역할을 한다. 예를 들어, 쇼핑 사이트에서 볼 수 있는 '구매하기' 버튼이 CTA에 해당한다. 이것은 사용자가 특정 액션을 취하도록 유도하는 역할을 한다.

CTA는 일반적으로 판매를 위한 마케팅에서 사용되지만, 이 개념을 알아두면 비즈니스 글쓰기뿐 아니라 SNS 글쓰기에서도 유용하게 쓸 수 있다. 상황은 달라도 결국 CTA의 핵심은 행동을 이끌어내는 데 있기 때문이다.

그렇다면 행동을 이끌어내는 글쓰기의 기본 원칙을 살펴보자.

첫째, 간결해야 한다

짧고 직관적인 표현을 사용하자. '완벽함은 더 이상 더할 것이 없는 상태가 아니라, 더 이상 뺄 것이 없는 상태'라는 말처럼, 표현은 간결할수록 좋다. 불필요한 정보는 하나씩 제거하자. 중요한 정보만 남겨두면 된다.

"관심이 있으면 페이지를 둘러보시고, 마음에 드신다면 지금이라도 신청해 보세요"에서 불필요한 요소를 제거해 보자. 사실 이 문장은 10글자 이하로 줄일 수 있다.

"지금 바로 신청하세요."

둘째, 명확해야 한다

요구 사항이 분명해야 한다. 독자가 어떤 행동을 취해야 하는지 정확히 알 수 있어야 한다. 모호한 표현은 독자를 혼란스럽게 할 뿐이다. "한번 확인해 보세요"보다는 "지금 구독을 신청하세요"가 명확하다.

마찬가지로 비즈니스 글쓰기에서도 "시간 나실 때 제안서를 확인해 주세요"보다는 "오늘 오후 3시까지 제안서를 검토해 주세요"가 명확하다. 이런 표현이 상대방의 행동을 이끌 확률이 높다.

셋째, 가치를 담아야 한다

독자가 그 행동을 함으로써 얻는 구체적인 혜택을 제시하자. 앞서 살펴본 결핍을 채워주거나 불편함을 해소시켜 주는 포인트면 좋다. "이 기획안은 연간 비용을 10% 이상 절감할 수 있습니다"와 같이 결정을 촉구하는 메시지를 담자.

결국 좋은 CTA는 독자가 행동을 주저하지 않게 만들고, 행동의 이유와 명확한 목표를 제시한다. 짧고 간결하지만, 그로 인해 얻게 될 가치를 분명히 전달해야 한다. 독자의 마음뿐 아니라 행동도 함께 움직일 수 있는 힘 있는 글쓰기를 하자.

02 근무 시간을 줄이는 챗GPT

생산성을 폭발적으로 높이는 방법

잔업으로 야근이 잦다면 근무 시간에 생산성을 높이는 방법을 고민해 봐야 한다. 업무 생산성을 폭발적으로 높이는 도구를 활용해 보자.

인공지능, 그중에서도 생성형 AI의 대표 도구로 알려진 챗GPT는 업무에도 유용하게 쓸 수 있다. 챗GPT는 단순히 글을 대신 써주는 도구로 접근해서는 안 된다. 글을 작성하는 주체는 자신이어야 한다. 글을 쓰는 데 필요한 아이디어를 주거나 글의 구조를 짜고 초안을 만드는 데 도움을 얻을 수 있다. 물론 챗GPT에게 '글을 써달라'고 하면, 짧은 시간 내 완성도 높은 글을 써준다. 그렇지만, 이를 그대로 복사해서 쓴다면 과연 나의 글이라고 당당하게 말할 수 있을까? 우리의 목적은 글쓰기 역량을 높이면서 동시에 생산성을 올리는 일이다. 생산성 도구는 효율을 높여주는 보조 역할로 사용하자. 도움은 받되 글을 '내 것'으로 만드는 과정이 필요하다. 그렇지 않으면 역량을 올릴 수 없을뿐더러 당신의 글은 주체성이 결여된 글이 된다.

그럼에도 불구하고 챗GPT는 생산성을 폭발적으로 높일 수 있는 유익한 도구임에는 틀림없다. 그러니 똑똑하게 활용하자.

직장에서 이메일, 보고서, 기획안을 쓸 때는 챗GPT를 어떻게 활용할 수 있을까? 짧은 시간에 자료를 찾거나 구조를 짜고 아이디어를 구체화할 수 있다. 궁금한 점을 묻거나 문제의 해결책을 찾는데도 상당히 유용하다. 회사에서 엑셀을 하다가 함수를 어떻게 써야 할지, 데이터를 어떻게 분석해야 할지 고민해 본 적이 있는가? 예전에는 주로 유능한 동료를 찾아 물어보거나 네이버 지식iN 같은 커뮤니티에 질문 글을 올리는 경우가 많았다. 문제는 동료도 잘 모를 수도 있고, 커뮤니티에 올린 질문은 답변이 달릴 때까지 기다려야 한다. 답변의 정확성 또한 제대로 검증하기 어렵다. 그런데 이제는 기다릴 필요가 없다. 유능한 AI 동료가 24시간 내 옆에 있다. 챗GPT 사이트에 접속해서 질문을 올리면, 바로 답이 나온다. 만약 이해하기 어려운 분야가 있다면 쉬운 방법으로 알려 달라고 요청해 보자.

(*이 장에서 챗GPT 사용 예시는 답변 내용을 전부 이해할 필요는 없다. 활용 방법을 제시해 준다는 점만 참고하고 답변 내용은 가볍게 넘어가도 좋다.)

엑셀에서 두 데이터 광고 비용과 매출의 상관관계를 분석하고 싶어. 어떤 방법을 쓰면 좋을까? 나는 통계에 전문적인 지식이 없어서, 최대한 쉬운 방법으로 알려줘.

통계에 대한 전문 지식 없이도 엑셀에서 광고 비용과 매출의 상관관계를 쉽게 분석할 수 있습니다. 다음 단계로 따라 해 보세요:

1. 데이터 준비하기

- 광고 **비용**과 **매출** 데이터를 각각 엑셀의 두 열에 입력합니다. 예를 들어, A열은 광고 비용, B열은 매출 데이터가 들어가도록 정리합니다.

2. 상관계수 구하기

- 두 데이터의 관계를 측정하려면 상관계수라는 숫자를 구하면 됩니다. 이 숫자는 -1부터 1 사이의 값을 가지며, 다음을 의미합니다:
  - **1에 가까울수록**: 두 데이터가 강한 **양의 상관관계**가 있습니다 (광고 비용이 증가하면 매출도 증가).
  - **-1에 가까울수록**: 두 데이터가 강한 **음의 상관관계**가 있습니다 (광고 비용이 증가하면 매출은 감소).
- **0에 가까울수록**: 두 데이터 간에 상관관계가 거의 없습니다.

- 상관계수를 구하는 방법:
  1. 빈 셀에 =CORREL(A2:A10, B2:B10) 를 입력합니다. 여기서 A2:A10과 B2:B10은 광고 비용과 매출 데이터가 입력된 범위를 나타냅니다. 자신의 데이터 범위에 맞게 수정하세요.
  2. Enter를 누르면 두 데이터 간의 상관계수가 계산됩니다.

3. 시각적으로 확인하기 (옵션)

- **산점도 차트 만들기**:
  1. 광고 비용과 매출 데이터를 선택한 후, 엑셀 상단 메뉴에서 **삽입** > **산점도(Scatter)**를 선택합니다.
  2. 산점도 차트가 생성되면, 데이터의 패턴을 시각적으로 확인할 수 있습니다.
- **추세선 추가하기**:
  1. 산점도 차트를 클릭한 후, 오른쪽 버튼을 눌러 **추세선 추가**를 선택합니다.
  2. 추세선과 R^2 값을 표시하면 데이터의 관계를 더 명확하게 파악할 수 있습니다.

이 방법을 통해 광고 비용과 매출 간의 관계를 쉽게 분석하고 이해할 수 있을 거예요.

어떤가? 엑셀과 통계의 강의를 돈 내고 들어도 해결하기 어려운 답을 바로 알려준다. 물론 실습은 스스로 해야 하고, 정확도 또한 검증해야 한다. 그럼에도 상세하게 답변을 주며, 추가로 질문을 할 수도 있다.

현재 챗GPT 유료 버전은 파일을 첨부해서 직접 작업을 해달라고 요청하면, 작업을 완료해서 다운받을 수 있게 해주기도 한다. 이렇게 챗GPT는 고민하는 데 쓰는 시간을 줄여줄 수 있다. 한 마디로, 업무에 잘 활용만 하면 근무 시간을 줄여준다. 해결 방법을 고민하는 데 쓰는 시간이 놀라울 만큼 절약된다.

비즈니스 글쓰기뿐 아니라 창의성을 요하는 작업도 충분히 가능하다.

무라카미 하루키 문체로 장마와 관련된 짧은 소설을 20줄 이내로 써줘.

장마가 시작된 날이었다. 회색 구름이 하늘을 덮고, 빗방울이 창문을 두드렸다. 타카시가 자주 가는 작은 카페는 조용했다. 사람들은 비를 피해 집 안에 머물렀다. 카운터 뒤에 앉은 여주인은 우산을 정리하며 말했다.

"비가 그치지 않을 것 같네요."

타카시는 고개를 끄덕였다. 그는 창밖을 바라보며, 빗줄기가 나뭇잎을 적시는 모습을 지켜봤다. 빗속에 피어나는 작은 꽃들은 희미하게 반짝였다.

"커피 한 잔 더 주시겠어요?" 타카시가 말했다.

여주인은 미소를 지으며 커피를 따랐다. 커피 향이 따뜻하게 퍼졌다. 타카시는 커피 잔을 들고 창가 자리에 앉았다. 빗소리가 귓가를 간질였다.

타카시는 지난여름을 떠올렸다. 그와 그녀가 함께 걷던 길, 햇빛 아래 반짝이던 그녀의 미소. 그러나 지금 그녀는 없었다. 장마처럼 그녀도 그의 삶에서 사라졌다.

"비가 참 좋네요," 타카시가 중얼거렸다.

여주인은 조용히 고개를 끄덕였다. 창밖의 빗소리는 계속되었고, 타카시는 커피 잔을 내려놓았다. 시간이 흐르고, 빗방울은 점점 더 강해졌다. 그리움은 비와 함께 마음속 깊이 스며들었다.

5초도 걸리지 않았다. '장마', '무라카미 하루키', '짧은 소설'처럼 원하는 키워드로 요청하면 바로 결과값을 도출해 낸다.

헤밍웨이, 니체, 윤동주처럼 지금은 살아 있지 않은 저명한 예술가의 문체를 닮은 새로운 글도 생성할 수 있다. 물론 사람이 직접 쓴 글과 인공지능이 쓴 글에는 분명 차이가 있겠지만, 그 차이는 점점 좁혀질 것이다. 어쩌면 인공지능의 창작 수준이 이미 인간의 창작 수준을 뛰어넘었을지도 모른다.

그렇다면 우리는 인공지능이 있기 때문에 창작을 하지 않아도 되는 걸까? 아니면 새로운 트렌드인 인공지능에 맞서 싸워야 하는 걸까? 잘만 사용한다면 인공지능은 생산성 도구로서 큰 도움이 된다. 빠른 시간 내에 훌륭한 창작물을 만들어내기 때문이다. 그렇지만 기술에만 지나치게 의존하는 것은 위험하다. 도구에 지나친 의존은 그 도구를 사용할 수 없을 때, 아무것도 할 수 없게 만들기 때문이다. 그렇다고 시대의 흐름에 저항한다면, 빠른 속도로 도태될 수 있다. 따라서 우리는 새로운 트렌드를 배우되, 똑똑하게 활용하는 것이 가장 바람직하다.

이제 본격적으로 챗GPT를 활용해 글을 쓰는 방법을 살펴보자. 이는 앞서 살펴본 비즈니스 글쓰기나 마케팅 글쓰기 혹은 일상 주제에도 모두 적용 가능하다.

챗GPT 글쓰기의 5단계

1단계: 챗GPT와 친해지기

글을 쓰기 전에 먼저 챗GPT를 활용해 본 경험이 없거나 적다면 가장 먼저 할 일은 친해지기다. 친구와 채팅하듯이 말을 걸어보고, 안부를 묻거나 농담을 할 수도 있다. 생각나는 대로 말해보자. 그러다 보면 정말 친구와 대화하듯 편하게 대화할 수 있다. 말투를 더 친근하게, 재미있게 해달라고 요청할 수도 있다. 이것이 챗GPT만의 장점이다.

그러면서 재미를 붙이는 것이 중요하다. 무엇이든 재미가 있어야 흥미가 생기고 지속할 수 있기 때문이다. 처음에는 이렇게 사용법을 익혀보자. 질문에 따라 대답이 천차만별이기 때문에, 처음에는 다양하게 질문하고 대화하면서 익숙해지자. 그렇게 친구처럼 편하게 대화하면서 친해지는 과정이 필요하다. 그러다 보면 어떻게 질문을 해야 좋을지, 대화를 하면서 어떻게 사용하는 방법이 효과적인지 빠르게 익힐 수 있다.

2단계: 아이디어 얻기

이렇게 친해지고 난 후에는 어떻게 대화를 주고받으면 될지 감이 올 것이다. 궁금한 내용이나 아이디어를 얻고 싶은 내용을 물어보자. 때로는 글을 쓰고 싶은데 도저히 첫 문장이 떠오르지 않을 때가 있다. 그럴 때는 챗GPT와 대화하면서 브레인스토밍을 할 수 있다. 의견을 주고받고 토론하며 아이디어를 얻어보자. "회사에서 환경 보호 캠페인을 주제로 기획안을 쓰고 싶은데, 주제 아이디어 10개만 알려줘"라고 이야기할 수도 있다. 물론 챗GPT에게 기획안 전체를 써달라고 해도 꽤 높은 수준으로 써준다. 하지만 글쓰기 실력을 높이고 싶다면, 온전히 맡겨서는 안 된다. 아이디어나 구조화에 도움을 받고 본문은 자신이 직접 써내려가는 방식을 추천한다.

트렌드가 중요한 SNS 글쓰기에서도 아이디어를 얻을 수 있다.

예를 들어, 블로그를 시작하려는데 주제가 떠오르지 않는다면 다음과 같이 의견을 구해보자.

"블로그를 시작하려고 하는데, 요즘 트렌드를 반영한 테마 10가지를 추천해 줘"라고 물어보면 블로그에서 다루기 좋은 인기 있는 주제를 추천해 준다. 특히, SNS 글쓰기는 꾸준함이 중요하다. 그런 점에서 주제나 글감을 매일 찾기가 어려울 수 있다. 이럴 때, 다음에 쓸 포스팅 주제를 추천받는 것도 좋은 방법이다.

여기서, 질문은 구체적일수록 좋다. 예를 들어, "소설의 줄거리를 만들어줄래?"라는 요청보다는 "20대가 좋아할 만한 회귀물 스타일의 웹소설 콘셉트와 줄거리를 만들어줄래?"가 더 구체적이다.

만약 자신의 머릿속에 아이디어가 있는데, 정리되지 않는다면, 그 아이디어를 나열해 보자. 예를 들어, "한국의 한 고등학교에서 반 꼴등을 하는 남학생이 과거로 돌아가 인생을 다시 살게 되어 벌어지는 이야기를 쓰고 싶어. 이야기의 구조를 잡는 것을 도와줘"처럼 말이다.

이렇게 아이디어를 얻기 위해 챗GPT와 대화를 나누다 보면, 방향과 내용을 보완해 가며 더 구체화할 수 있다.

3단계: 글의 구조 잡기

챗GPT는 글의 구조를 잡는 데 유용하다. 글을 쓸 때 처음부터 끝까지 짜임새 있게 쭉 써내려가면 좋겠지만 결코 쉬운 일은 아니다. 서론, 본론, 결론 등 글의 구조를 먼저 잡고 시작하는 것이 논리와 흐름을 유지하는 데 도움이 된다. 게다가 이 전략은 일의 속도를 높여준다. 큰 그림인 구조를 먼저 잡고 살을 붙이면 된다. 마치 그림에서 스케치하는 과정과 비슷하다.

인공지능의 미래와 윤리적 문제를 주제로 글을 쓰고 싶어. 서론 본론 결론을 간단하게 1줄씩만 써줄래?

물론입니다! 아래는 인공지능의 미래와 윤리적 문제에 대한 논설문을 위한 간단한 서론, 본론, 결론입니다:

- **서론**: 인공지능(AI)의 급속한 발전은 우리의 일상과 사회 구조에 큰 변화를 가져오고 있습니다.
- **본론**: AI는 의료, 교육, 산업 등 다양한 분야에서 혁신을 이끄는 한편, 프라이버시 침해와 일자리 감소 등 심각한 윤리적 문제를 야기합니다.
- **결론**: AI의 긍정적인 잠재력을 최대화하고 윤리적 문제를 해결하기 위해 적절한 규제와 사회적 논의가 필요합니다.

자, 이렇게 서론, 본론, 결론을 잡았다. 이제 각 내용이 내가 원하는 방향성과 맞는지 확인해야 한다. 원하는 방향이 맞다면 그다음 단계로 넘어가자. 만약 방향이 내가 의도한 것과 다르다면, 추가 질문을 하거나 피드백을 주면서 수정하면 된다.

결론 부분이 조금 모호한 것 같아. 구체적으로 어떤 사회적 논의가 되어야 할지가 들어갔으면 좋겠어. 이 부분을 보완해 줘.

물론입니다. 결론 부분을 조금 더 구체적으로 보완해 보겠습니다:

- **결론**: AI의 긍정적인 잠재력을 최대화하고 윤리적 문제를 해결하기 위해 개인정보 보호, 공정한 알고리즘, 일자리 전환 지원 등에 대한 구체적인 사회적 논의와 적절한 규제가 필요합니다.

이런 식으로 추가 질문을 통해 뼈대를 다듬을 수 있다. 챗GPT에게 내가 원하는 바를 더 구체적으로 알려줄수록, 더 똑똑한 답변이 나온다. 마치 '능력 있고 똑똑하지만, 정확한 지시가 있어야 일을 처리하는 비서'라고 생각하면 된다. 글의 목적, 배경, 주제, 형식, 독자 등 명확하게 설명할수록 의도에 가장 부합하고, 퀄리티 높은 대답을 해준다.

4단계: 구체화 및 검증

이제 뼈대에 살을 붙이는 단계다. 서론, 본론, 결론 같은 중심 내용을 등대 삼아 세부 내용을 써내려간다. 글을 쓰다 보면, 추가로 정보를 수집해야 하는 상황이 생긴다. 최근 이슈나 통계 자료 같은 근거를 찾아야 하는 경우가 많다. 챗GPT는 정보 수집에도 능해서 필요한 자료를 찾는 데도 유용하게 쓸 수 있다.

다만 유의할 점은 챗GPT가 항상 정확한 사실을 말하지는 않는다는 것이다. 얼마나 보완이 될지 확신할 수 없지만 아직까지는 답변을 100% 신뢰할 순 없다는 한계가 존재한다. 이러한 현상을 '할루시네이션Hallucination'이라고 한다. 이는 AI 모델이 사실이 아니거나 정확하지 않은 조작된 정보를 생성하는 현상을 말한다. 실제로 챗GPT 메시지 입력 창 하단에는 "챗GPT는 실수를 할 수 있습니다. 중요한 정보를 확인하세요"라는 문구가 적혀 있다. 그렇기에 중요한 정보는 반드시 검증하는 과정이 필요하다. 특히 논문을 쓸 때처럼 정확성이 중요한 글은 먼저 신빙성을 검증하고 출처를 찾아봐야 한다. RAGRetrieval-Augmented Generation 개념을 활용하면 좋다. RAG는 최신 정보를 기반으로 검색하고, 그 결과를 바탕으로 답변을 만들어내는 방식이다. 챗GPT는 학습된 데이터를 기반으로 작동한다. 따라서 최신 정보나 외부 자료 접근에 제한이 있다. 그런데 RAG를 활용하면, 실시간으로 인터넷에서 자료를 검색해 더 정확하고 최신 정보를 기반으로 답변을 제공할 수 있다. 예를 들어, 최신 논문이나 기사를 함께 검색함으로써 정보를 보완한다면 글의 신뢰도를 높일 수 있다. (RAG를 활용하는 구체적인 방법은 다음 장에서 자세히 다룰 예정이다.)

이 외에도 챗GPT에게 물어볼 때 정보의 신뢰도를 높이는 질문 방식도 있다. 질문을 할 때, 단순히 '~를 알려줘'보다는 '~에서 ~를 찾아줘'라고 범위를 좁힌다거나, 더 구체적으로 질문하면 답변의 신뢰성을 높이는 효과가 있다.

다음 예시를 살펴보자.

'홍보의 신' 저자는 누구야?

'홍보의 신'의 저자는 김재헌입니다.

교보문고 사이트에서 '홍보의 신' 저자를 검색해서 알려줘.

사이트 3개 검색함 ∨

'홍보의 신'의 저자는 김선태입니다

국내도서메인- 교보문고 KYOBO BOOKSTORE KYOBO BOOKSTORE

챗GPT의 첫 번째 답변은 오답이고, 두 번째 답변은 정답을 말했다. 이처럼 어떤 책의 저자가 궁금한 경우, 단순히 '저자가 누구냐'고 묻기보다는 도서 판매 사이트에서 저자를 검색해서 알려달라고 요청하는 방법이 답변의 신뢰도를 더 높여준다. 즉, 신뢰할 수 있는 사이트로 범위를 좁히고 그 안에서 검색하도록 요청하는 것이 핵심이다.

답변의 출처를 요청하는 방식도 좋은 해결책이다. 답변에 출처를 명시해 달라고 요청하고, 직접 들어가서 확인해 보는 방법도 있다. 물론, 챗GPT는 나날이 빠른 속도로 발전해서 위와 같은 오류를 빠르게 줄여나가고 있다. 아마 당신이 동일한 질문을 했을 때는 이미 학습한 결과로 정답을 말할 수도 있다. 그럼에도 언제나 정답만을 말하지는 않는다는 사실을 알고 이에 대비해야 한다. 따라서 챗GPT에게 질문할 때는 최대한 구체적으로, 범위를 좁혀서 묻도록 하자.

5단계: 글다듬기

마지막 단계는 퇴고 작업이다. 챗GPT가 써준 글을 자연스럽게 만드는 과정이 필요하다.

어색한 부분이 있으면 나의 언어로 수정하고, 더 나은 표현이 떠오르면 그 어휘로 대체하자. 글은 일정한 어투로 써야 한다. 어투에 일관성이 없으면 글이 어색해 보이기 쉽다. 따라서 퇴고할 때 어투의 일관성이나 자연스러움도 반드시 체크해야 한다. 아직까지는 챗GPT가 만드는 한국어 문장이 일부 문어체나 번역투로 느껴질 수 있다. 하지만 빠르게 개선되고 있는 만큼 앞으로는 더욱 자연스러운 문장을 기대할 수 있다.

마지막으로 챗GPT의 언어를 나의 문체와 스타일로 다듬어보자. 그럼 챗GPT와 협업해서 만든 글이 완성된다.

위에서 살펴본 대로 직접 챗GPT와 글을 써보자. 결코 어렵지 않다. '놀면서 쓴다'는 마인드로 접근하면 쉽고 재미있게 활용할 수 있다. 게다가 요즘은 새로운 기술을 잘 다루는 것도 하나의 역량으로 평가받는 시대다. 이러한 도구를 잘 쓰면 업무에서 생산성을 폭발적으로 높일 수 있다. 퇴근 시간을 단축해 줄 수도 있다. 기술은 잘만 활용하면 시간과 에너지를 절약해 준다.

다만 유의할 사항은 글을 쓸 때 챗GPT에 지나치게 의존하지 않아야 한다는 점이다. 앞서 살펴보았듯이 정보가 정확하지 않을 수 있다는 리스크도 있다. 경험상 챗GPT는 '잘 모르겠다'고 말하기보다는 꾸며내서라도 불확실한 답변을 제시하는 경향이 있다.

마지막으로, 가능성은 낮더라도 이 기술이 언제든 막힐 수 있다는 생각을 염두에 두자. 챗GPT 없이는 글을 쓰기 어려운 상황이 와서는 안 된다. 지나치게 의존해서 쓰게 된다면 자신의 글쓰기 역량을 키우는 데 방해가 될 수 있다. 그저 도움받을 수 있는 부분은 도움받되, 글 자체의 주인은 나라는 책임 의식과 주체성을 갖자. 챗GPT는 나를 친절하게 도와주지만 언제든 그만둘 수 있는 조수로 생각하자.

03

챗GPT, 이렇게 쓸 수도 있다

맞춤형 글을 만드는 방법

1. 페르소나 설정하기

챗GPT에게 질문할 때, 원하는 답을 얻기 위해 페르소나를 부여하면 더 적합한 답변을 받을 수 있다. 페르소나는 '가상의 인물'을 의미하며, 챗GPT에게 특정한 역할이나 정체성을 부여할 수 있다. 아래와 같이 원하는 페르소나를 지정하고 질문해 보자. 원하는 답변을 더 쉽게 얻을 수 있다.

"너는 이제부터 마케팅 분야에 지식이 있는 똑똑하고 친절한 10년 차 커리어 컨설턴트야. 퍼포먼스 마케터의 5년 커리어 계획을 세워줘."

단순히 커리어 계획을 세워 달라고 했을 때보다 세부적이고 프로페셔널한 답을 얻을 수 있다.

만약 당신이 이직 준비를 하고 있다면 '면접관'으로 페르소나를 설정하는 방법도 있다. "나는 'N사'로 이직을 준비 중이고, 마케팅 직무 면접을 대비하고 있어. 면접관이 돼서 예상 질문을 해줄 수 있어?"와 같이 구체적으로 역할을 부여하는 것이다. 영어 공부를 할 때는 원어민 영어 교사, 고민을 나눌 때는 친한 친구 역할을 부여할 수 있다. 이처럼 자신이 원하는 페르소나를 구체적으로 입력하면 원하는 답변을 얻기에 유리하다.

또 다른 페르소나는 독자의 페르소나를 지정하는 방법도 있다. 전자레인지의 원리를 설명할 때, 독자가 직장인인 경우와 초등학생인 경우, 각각 다르게 설명하는 것과 같다. 글을 전달할 독자를 구체적으로 상상하고 설정해 보자. 그들의 나이, 직업, 관심사, 문제점 등을 고려해 구체적인 독자의 프로필을 만든다. 그다음, 설정된 페르소나에 맞춰 글의 톤과 스타일을 자연스럽게 조정할 수 있다.

예를 들어, 만약 당신의 글이 20대 직장인을 대상으로 한다면 사회초년생의 업무나 커리어 계획 관련 고민을 다루는 글을 쓸 수 있다. 이때는 친근하고 믿음직한 스타일이 효과적이다. 만약 중년층의 비즈니스 전문가를 대상으로 글을 쓴다면 보다 격식 있는 어조와 더 전문적인 표현을 사용할 수 있다. 챗GPT는 이처럼 설정된 페르소나에 맞추어 다양한 톤을 구사할 수 있다.

2. 단계적으로 요구하기

챗GPT를 활용한 글쓰기는 단계적으로 완성해 나가는 전략이 효과적이다. 처음부터 완벽한 글을 쓰기보다는 추가 질문으로 내용을 점차 쌓아가며 글의 구조를 잡아보자. 처음에는 핵심 메시지를 중심으로 큰 틀을 설정하고, 이후에 예시나 근거처럼 살을 덧붙여 나가는 방식이 효과적이다.

예를 들어, 처음에는 "이 글의 서론에 들어가면 좋을 내용을 추천해 줘"라고 요청해 보자. 이후에는 "이제 본론 부분에서 A와 B의 차이점을 설명해 줘"와 같이 단계적으로 요구를 추가할 수 있다. 이 방식은 글의 논리를 더욱 탄탄하게 쌓을 수 있도록 도와준다. 각 단계에서 글이 완성될 때마다 어색한 부분을 검토하고, 수정 요청을 거쳐 글의 완성도를 점차 높여가자.

3. 창의성 조정하기

챗GPT에게 질문을 할 때, 창의성을 원하는 대로 조정할 수 있는 방법이 있다. 때로는 예상치 못한 창의적인 답변이 필요할 때가 있고, 때로는 예상 가능한 답변이 필요할 때도 있다. 이럴 때는 다음 값을 참고해서 창의성을 조정해 보자.

하이퍼파라미터	기능	조절 방법	범위
Top-p	상위 확률의 p%에 해당하는 단어만 선택	0.3: 좁은 선택(보수적), 0.9: 넓은 선택(다양성)	0.0~1.0
Temperature	응답의 창의성 조절 (값이 클수록 창의적)	0.7 이하: 예측 가능, 1.0 이상: 창의적	0.0~2.0
Beamwidth	응답 후보군을 몇 개의 경로(빔)로 고려할지 결정	7: 다양한 경로 탐색, 값이 작으면 단순한 경로 선택	일반적으로 2~10

먼저, 보수적이고 예측 가능한 단순한 경로를 선택하도록 값을 조정한 후 질문을 해봤다.

나는 OO에 갔다 에서 OO를 넣어서 문장을 3개 만들어줘.
Top-p [0.3] Temperature [0.7] Beamwidth [2]

다음은 주어진 설정을 바탕으로 만들어진 문장 3개입니다:

1. 나는 **학교**에 갔다.
2. 나는 **카페**에 갔다.
3. 나는 **서점**에 갔다.

이 문장들은 비교적 예측 가능한 장소를 선택하면서도 각기 다른 장소들이 나올 수 있도록 다양성을 유지한 결과입니다.

그다음은 다양하고 창의적인 경로를 탐색하도록 값을 조정하고 다시 질문을 해봤다.

나는 OO에 갔다 에서 OO를 넣어서 문장을 3개 만들어줘.
Top-p [1.0] Temperature [2.0] Beam width [10]

다음은 주어진 설정에 따른 문장 3개입니다:

1. 나는 **우주 정거장**에 갔다.
2. 나는 **꿈 속 나라**에 갔다.
3. 나는 **시간의 끝**에 갔다.

이 설정에서는 창의성을 크게 높여, 더 독창적이고 예상치 못한 장소들이 선택되었습니다.

확실히 두 답변의 차이가 눈에 띈다. 두 번째 설정에서는 창의성을 크게 높여 더 독창적이고 예상치 못한 장소가 예시로 등장한다. 이렇게 쓰고 싶은 글의 창의성과 다양성에 따라 값을 조절하면 원하는 답을 얻기 쉽다. 이러한 방법으로 나만의 맞춤형 글을 만들 수 있으니 필요에 따라 사용해 보자.

매끄러운 글 만들기

글을 쓰고 최종적으로 검토하는 과정인 퇴고는 글의 완성도를 높여준다. 글을 쓴 뒤 마지막 단계에서 문장을 매끄럽게 다듬고, 글의 방향성을 일관되게 유지할 수 있다. 헤밍웨이는 '초고는 쓰레기다'라고 했다. 그는 노벨문학상과 퓰리처상을 받은 자신의 작품 《노인과 바다》를 200번 이상 퇴고했다는 이야기가 있다. 이렇게 매끄러운 글을 만들려면 반드시 다시 읽고 고쳐 써야 한다. 그런데 자신이 쓴 글은 여러 번 읽어도 문제점을 발견하기 어려울 때가 있다. 내가 완벽하다고 생각했던 보고서에서도 상사의 눈에는 오탈자가 쉽게 보이는 것처럼 말이다.

이때 챗GPT를 유용한 퇴고 수단으로 활용할 수 있다. 챗GPT를 활용해 퇴고를 효율적으로 할 수 있는 몇 가지 방법을 소개한다.

첫째, 문장을 더 매끄럽게 고쳐 달라고 요청하기

먼저, 챗GPT에게 문장을 더 매끄럽게 다듬어 달라고 요청할 수 있다. 문법 오류나 오탈자 점검뿐 아니라 문장의 흐름이 어색한 부분도 자연스럽게 수정해 준다. 예를 들어, "이 문장이 조금 어색한데 더 자연스럽게 고쳐줘"라고 요청하면 바로 교정해서 제시해 준다. 문체 역시 손쉽게 변경할 수 있어서 공식적인 어조로 바꾸거나 가벼운 톤으로 조정하는 등 다양한 스타일로 퇴고할 수 있다.

둘째, 자연스럽지 않은 내용 찾기

글을 쓰다 보면 스스로는 자연스럽다고 생각했지만 논리적인 흐름이 맞지 않는 부분이 있다. 이때 챗GPT에게 "글에서 흐름이 어색한 부분을 찾아줘"라고 요청하면 해당 부분을 바로 짚어준다. 여기에 더해 그 이유까지 설명해 준다. 이를 통해 글의 전체 흐름을 점검하고, 불필요한 내용이나 논리에서 벗어난 부분을 발견할 수 있다.

셋째, 내 글의 단점 찾아서 피드백 요청하기

객관적인 피드백이 필요하다면, 챗GPT에게 글의 단점을 지적해 달라고 요청할 수 있다. 주변 사람에게 피드백을 요청해도 솔직하게 말하는 일이나 비판을 어려워하는 경우가 많다. 하지만 챗GPT는 냉철한 피드백을 해줄 수 있다. "이 글의 약점이 무엇인지 알려줘"라고 물어보자. 논리적 오류를 짚어줄 뿐 아니라, 글의 주장을 강화할 수 있는 사례나 반론을 추가해 주기도 한다. 또는 글의 반대 의견을 묻는 방법도 글의 설득력을 높이는 데 큰 도움이 된다. 또한, "이 주제에 대한 반론을 추가해 줘"라고 요청하는 것도 글의 설득력을 높이는 좋은 방법이다.

넷째, 글을 쉽게 바꾸기

때로는 글이 복잡해서 독자가 이해하기 어려울 수 있다. 이럴 때, 나는 챗GPT에게 "이 부분을 초등학교 5학년도 이해할 수 있게 쉽게 바꿔줘"라고 요청한다. 그러면 복잡한 표현이나 전문 용어를 쉽게 풀어서 설명해 준다. 이렇게 독자 수준에 맞춘 설명을 덧붙여 가자. 좋은 글은 쉽게 읽힌다는 말이 있다. 보다 폭넓은 독자층이 쉽게 읽고 이해할 수 있는 좋은 글을 완성할 수 있다.

이처럼 혼자서는 한계가 있는 퇴고 과정에 챗GPT를 활용하면, 보다 체계적으로 글을 수정할 수 있다. 당신이 놓치고 있는 글의 부족한 점을 보완해 준다. 단, 챗GPT의 퇴고를 100% 신뢰하기보다는 원글과 비교해 필요한 부분만 수용하며 원글의 색깔도 잃지 않도록 하자. 글의 완성도를 높이는 것 이상으로, 개성을 담은 자신만의 글을 완성하는 것도 중요하다.

유용한 크롬 확장 프로그램 5가지

다음은 챗GPT를 사용할 때 유용한 크롬 확장 프로그램 5가지를 소개한다. 크롬 확장 프로그램이란 사용자가 원하는 기능을 크롬에 추가로 설치하여 웹을 사용할 수 있게 해주는 프로그램이다. 확장 프로그램을 활용하면 글쓰기뿐 아니라 업무나 학습에서도 유용하게 쓸 수 있다.

1. Chat GPT for Google

이 확장 프로그램은 구글 검색창에 챗GPT의 결과를 함께 보여준다. 구글에서 검색할 때, 검색 결과와 함께 챗GPT가 제공하는 답변을 동시에 확인할 수 있다. 따라서 더 빠르게 다양한 정보를 얻을 수 있다. 여러 가지 시각에서 답을 참고할 수 있어 매우 유용하다.

2. AIPRM for ChatGPT

이 프로그램은 사전 설정된 프롬프트(명령어)를 제공한다. 따라서 특정 분야에 맞춰 더 정교한 답변을 얻을 수 있다. 마케팅 글쓰기, 블로그 주제 설정, SEO 전략 등 다양한 전문 영역에서 사용자가 손쉽게 챗GPT를 활용할 수 있도록 도와준다. 복잡한 작업도 간단한 클릭만으로 처리할 수 있어 작업의 생산성을 크게 향상시켜 준다.

3. ChatGPT for Chrome and YouTube Summary

이름에서 알 수 있듯이, 유튜브 영상의 스크립트나 구글 검색 결과를 요약해 주는 기능이다. 긴 유튜브 동영상의 내용을 빠르게 파악하고 싶을 때 유용하다. 동영상의 스크립트를 요약하여 필요한 정보만 빠르게 얻을 수 있다. 또한 구글에서 검색한 방대한 정보를 챗GPT가 핵심만 골라 요약해 주는 기능도 있다. 시간을 절약하고 정보를 효율적으로 수집할 수 있어 편리하다.

4. ChatGPT Writer

이메일 작성을 도와주는 확장 프로그램으로, 비즈니스 글쓰기에서 유용하게 쓸 수 있다. 상사나 동료에게 보낼 메시지를 더 효과적으로 작성해 준다. 주어진 정보를 기반으로 자연스럽고 명확한 이메일을 작성할 수 있도록 도와준다. 또한, 번역이나 이메일 톤 조정도 가능하다. 따라서 영문 이메일을 작성해야 할 때 매우 유용하다.

5. Web ChatGPT

실시간 웹 검색 기능을 더해 업데이트된 최신 정보를 기반으로 답변을 제공할 수 있게 도와주는 기능이다. 이는 앞서 설명했던 RAG Retrieval-Augmented Generation로 최신 정보를 기반으로 검색하는 기능을 적용한다. 결과적으로 부정확하거나 업데이트되지 않은 정보의 신뢰도를 높여준다. 챗GPT가 최신 데이터를 즉시 참고하지 못하는 한계를 보완하여, 최신 정보를 검색하고 더 정확한 답변을 받을 수 있다.

이와 같은 크롬 확장 프로그램은 챗GPT의 기능을 최대한 활용할 수 있도록 도와준다. 특히 최신 정보의 접근성, 이메일 작성, 유튜브 영상 요약 등 다양한 작업을 할 때 사용해 보자. 이러한 기능을 활용하면 전에 몰랐던 새로운 세계가 열린다.

생성형 AI 올바르게 사용하기

챗GPT와 같은 생성형 AI 도구를 사용할 때 정보 보안 이슈는 매우 중요하다. 이러한 이슈를 최소화하고 AI 도구를 안전하게 활용해야 한다.

첫 번째로, 개인 정보나 회사 기밀은 생성형 AI에 입력해서는 안 된다. AI는 입력된 데이터를 학습에 활용할 수 있고, 외부로 유출될 가능성이 있기 때문이다. 중요 데이터가 노출될 가능성을 항상 염두에 두어야 한다. 실제로, 많은 기업에서 이러한 이유로 AI 도구의 사용을 제한하고 있다. 개인 정보, 사업 계획, 계약서 내용 같은 민감한 정보는 입력해서는 안 된다. 챗GPT를 활용해야 한다면, 데이터를 익명화해서 사용하는 것이 바람직하다.

클라우드 기반 AI는 서버에서 데이터를 처리한다. 따라서 서버에 저장된 데이터가 해킹될 경우 정보가 노출될 위험이 있다. 만약 회사에서 사용한다면, 회사에서 허용하는 클라우드 기반 도구만 사용하고, 정책에 맞는 사용법을 준수하자. 챗GPT에 입력한 내용은 저장될 수 있으므로 사용 기록을 주기적으로 관리하여 중요한 정보는 삭제해 두자.

두 번째로, 편향된 정보에 주의를 기울여야 한다. 챗GPT는 방대한 데이터를 학습하여 답변하는데, 이 과정에서 일부 편향된 정보가 포함될 가능성이 있다. 예를 들어, 특정 정치적 이슈를 질문했을 때 어느 한쪽으로 치우친 답변이 나올 수도 있다. 따라서 편향 가능성을 인지하고 중요한 결정이 필요할 때는 반드시 외부 자료를 참조하자.

생성형 AI는 분명 생산성을 극대화할 수 있는 강력한 도구다. 그럼에도 위와 같이 잠재적인 문제는 늘 고려해야 한다.

이 책에서는 생성형 AI의 대표적인 예시로 챗GPT를 소개했지만, 이 외에도 다양한 종류의 생성형 AI가 있다. 여러 가지 툴을 사용해서 정보를 찾고, 코드를 짜고, 글을 쓰고, 이미지나 영상을 생성해 낼 수 있다. 한국어와 한국 문화에 특화된 뤼튼, 마이크로소프트사의 Copilot, 이미지 생성은 DALL-E 등 여러 가지 중 상황에 따라 선택해서 쓰면 된다. 이렇게 생성형 AI는 다양한 분야에서 활용되고 있다.

그러나 이를 사용할 때 잠재적인 문제와 한계를 염두에 두어야 한다. 균형 잡힌 시각으로 사용하고, 비판적으로 생각하는 자세를 유지하자. 기술은 도구일 뿐, 이를 맹신하지 않고 올바르게 활용하는 것은 결국 인간의 몫이다.

생성형 AI의 활용은 앞으로 더 넓어질 것이며 그 가능성은 무궁무진하다. 다만, 우리는 그 편리함과 효율성에만 집중하지 말고, 이를 올바르게 활용할 역량과 책임감을 함께 키워야 한다. AI가 당신의 글쓰기에 도움이 되고, 더욱 현명하게 활용하는 데 도움이 되길 바란다. 이 책의 챗GPT 활용 글쓰기의 내용은 끝났다. 이제 남은 것은 직접 해보는 일이다. 생성형 AI를 업무 혹은 글쓰기에 어떻게 활용할 수 있을지 고민하고 바로 실천해 보자.

04 글쓰기는 가장 좋은 N잡이다

회사의 업무와 나의 성장 연결하기

'충주' 하면 뭐가 떠오르는가? 나는 충주맨이 떠오른다. 충주맨 김선태 주무관은 충주시 홍보맨으로 유명하다. 많은 MZ세대가 충주 명소는 몰라도 충주맨은 알고 있다. 그는 충주시 유튜브 채널의 개설자 겸 운영자인 공무원이다. 일반적으로 지자체의 콘텐츠라고 하면 공식적이고 정형화된 이미지가 떠오른다. 정해진 규격에 개성이라고는 있으면 안 될 것 같다. 그런데 충주맨은 그 틀을 깨고 일명 B급 유튜브로 대박을 터뜨린다. 놀라운 점은 채널 운영부터 기획, 촬영, 편집, 섭외까지 모두 도맡아 하고 있다. 현재 충주시 유튜브 채널 구독자 수는 70만 명이 넘는다. 인구가 많은 서울시와 경기도 채널의 구독자수보다도 훨씬 많다. 그는 특출한 성과를 인정받아 9급에서 6급으로 초고속 승진했다. 또한 자신의 업무인 충주시를 홍보할 뿐 아니라, 스스로를 '충주맨'으로 브랜딩하는 데도 성공했다. 책을 내고, 자신의 이름을 건 강연을 한다. 또한 어떤 콘텐츠에서 유튜브 출연료 수입을 시청과 나누는지 물어보는 질문에 나누지 않는다고 답했다. 직장에서 시키는 일을 잘해서 개인의 성장은 물론 부수입까지 얻으며 성공한 대표 사례다.

충주맨은 회사에서 주어진 일을 성실하게 그리고 잘했을 뿐이다. 아마 수많은 직장인에게도 이런 기회는 있었을지 모른다. 문제는 그 기회를 얼마나 잘 활용하는지에 달려 있다. 좋은 기획과 마케팅이 있어야 하며, 그 바탕에는 당연히 글쓰기가 있다.

그는 회사에서 자신의 일을 충실히 하면서 저절로 기획력을 얻었다. 이처럼 직장에서의 스킬을 내 것으로 만들면 회사 밖에서도 활용하기 쉬워진다. 결국 내가 일을 잘하면 직장에도 기여할 수 있지만, 무엇보다 스스로에게 도움이 된다. 퇴근 혹은 퇴사 후에 무언가를 할 수 있는 능력을 만들 수 있다.

이처럼 직장에서 무언가 주어졌을 때, 어떻게 활용하느냐가 중요하다. 하기 싫은 업무가 주어졌을 때, 하기 싫은 마음은 당연하다. 그보다는 '어떻게 하면 잘할까'를 고민하는 데 에너지를 쓰자.

회사에서 홍보 채널을 운영하라고 하는가? 기회라고 생각하고 키워보자. 콘텐츠를 만들어보라고 하는가? 이왕 하는 거 잘해보자. 때로는 자율적으로 하는 일보다 시켜서 하는 일이 더 높은 효율을 내기도 한다. 강제성이 있기 때문이다. 이 강제성으로 억지로라도 많은 인풋을 투입하면 아웃풋이 나올 확률이 높아지기 때문이다. 이후 회사에서 쌓은 노하우를 개인 채널이나 콘텐츠에도 적용할 수 있다. 회사의 요구를 골치 아픈 숙제라고만 생각하기보다는, 나의 성장과 연결 지을 수 있다는 사실을 잊지 말자.

직장 밖으로 세계 넓히기

당신이 직장에서 성과를 냈다면, 그 기술을 가지고 직장 밖에서도 활용할 수 있다. 심지어 부수입을 낼 수도 있다. 요즘 말하는 N잡이 바로 그렇다. 한 가지 일Job만 하지 않고, 2가지 이상의 일을 한다는 뜻이다. 그런데 많은 직장인이 회사에서의 삶과 N잡의 역량을 별개의 문제로 생각한다. 그렇지만 앞서 충주맨의 사례처럼, 직장에서 일을 하며 여러 가지 기술을 배우고 성장할 수 있다. 그 기술을 다른 분야에도 적용할 수 있을지 고민해 보자. 분명 직장 밖에도 내 역량을 펼칠 수 있는 넓은 세계가 있다. 시야를 넓혀 더 큰 세상을 보자. 누군가는 '직장 밖 세상을 바라보는 것은 직장 생활에 마이너스 아니냐'고 물을 수 있다. 정말 그럴까?

놀랍게도 직장이 나의 전부가 아닐 때, 오히려 직장 생활은 더 즐거워질 수 있다. 직장이 유일한 생계 수단이 아니라고 생각하면 출근하는 마음도 가벼워지고, 일도 즐길 수 있게 된다. 이러한 태도로 회사를 다니면 성과도 더 내기 쉬워진다. 즉, 직장 밖으로 나의 세계를 넓히면 사소한 일에 일희일비하지 않고 안정적인 마음을 유지할 수 있다.

직장이 전부라면 그 안에서 일어나는 작은 일도 크게 느껴진다. 다음 예시를 살펴보자.

A와 B 두 사람이 있다. 먼저, A는 일상에서 직장이 삶에서 차지하는 비중이 100이다. 만약 직장에서 성과 평가를 좋지 않게 받으면 어떨까? 이 일은 체감 50 정도로 느껴진다. 일상의 50이면 절반이다. 머릿속에 이 생각이 계속 떠다닐 것이다. 상심도 그만큼 크다. 만약 직장을 잃게 된다면 어떨까? 나의 전부인 100을 잃은 느낌을 받게 된다. 이 경우, 회복하는 데도 많은 시간과 노력이 든다. 그러니 회사에서 일어나는 작은 일에도 전전긍긍하게 된다. 스트레스도 점점 더 커지고, 일을 즐기기 어렵다. 결과적으로 쉽게 지치며 좋은 성과를 내기도 힘들다.

반면 B는 직장이 삶에서 차지하는 비중이 30이다. 직장에서 쌓은 글쓰기 노하우를 기반으로 블로그, 전자책 출판, 강연 등으로 자기 계발과 외부 활동을 하고 있다. 이처럼 여러 분야에서 전문성을 쌓고, 부수입도 얻고 있다. 한마디로 직장 말고도 할 수 있는 일이 많은 사람이다. 이 경우, 직장에서 올해 성과 평가가 좋지 않았다고 해보자. B는 이 일을 체감 15 정도의 사건으로 느낀다. 설사 직장을 잃는다 해도 30 정도의 타격감을 받을 것이다. 직장이 전부가 아니라, 그 안에서의 일에 대해 남들보다 스트레스를 덜 받을 수 있다. 많은 일에 일희일비하지 않을 수 있다. 직장이 내 삶의 전부는 아니기 때문이다.

이렇게 같은 직장에 다니며 같은 일을 하지만 둘의 업무 스트레스는 다르다. 직장에 크게 매여 있지 않으면 오히려 즐기면서 할 수 있고, 여유를 갖게 된다. 직장 외 다른 일을 하면서 얻는 부수입으로 경제적 안정감도 느낄 수 있다. 이 여유가 오히려 직장 생활을 즐길 수 있게 만들기도 한다. 즐기면서 일하는 사람은 그만큼 결과물도 좋다. 그러니 직장에서도 최선을 다하되, 인생의 전부가 되어서는 안 된다. 단, 직장을 소홀히 하라는 말은 결코 아니다. 본업에 최선을 다하되, 그 밖의 세상으로도 시야를 넓히고 관심을 가져야 한다는 말이다.

직장인 4명 중 1명은 부업하는 시대

그렇다면 직장 밖 세계를 넓히는 방법은 무엇일까? 대표적인 방법이 앞서 말한 N잡이다. 전국경제인연합회 자료에 따르면, 최근 부업자는 5년 전에 비해 33% 증가했다. 이는 직장인들이 단순히 월급만으로는 생활이 어려워지면서 부업에 눈을 돌리고 있다는 사실을 보여준다. 고연봉자가 아니라면 월급만으로 먹고살기 힘든 시대다. 직장 밖 세계를 넓히면 부수입도 얻을 수 있을 뿐 아니라, 동시에 새로운 기술과 경험을 쌓으며 다양한 커리어를 개발할 수 있다. 시야를 넓히면서 새로운 기술도 배울 수 있다.

만약 좋아하는 일이 있다면, 일을 부업으로 즐기며 성취감을 얻고 자아실현을 할 수도 있다. 이러한 이유 때문인지 많은 직장인이 N잡을 희망하거나 실제로 하고 있다. 최근 조사에 따르면 직장인 4명 중 1명은 부업을 하고 있으며, 그중 블로그, 유튜브 등 SNS 운영을 가장 많은 부업으로 꼽았다.

대표적인 부업인 블로그 수익을 살펴보자. 많은 직장인이 블로그를 통해 부수입을 얻는다. 어떤 직장인은 블로그로 월평균 약 300~400만 원의 수익을 냈다고 한다. 대부분의 수익은 애드포스트 광고 수익, 나머지는 기업 광고 협업으로 발생하는 수익이다. 물론 꾸준히 포스팅하고 시간과 노력을 투입해 운영하는 일부 사례지만, 분명 월급만큼 돈을 벌 수도 있다.

인플루언서 수준의 블로그가 아니더라도 수익화는 가능하다. 맛집 포스팅을 예로 들어보자. 식당 외관과 내부, 메뉴판, 음식 사진 정도만 있으면 된다. 사진은 스마트폰으로 찍고 식당 운영 정보나 음식을 먹고 난 후기를 올린다. 이렇게 기본을 갖추고 포스팅을 정성스레 올리면 광고 문의를 받을 수 있다. 블로거는 비교적 접근 장벽이 낮은 편이다. 전문가가 아니어도 된다는 이야기다. 자신의 일상에서 사진과 글을 잘 엮어 포스팅하면 된다. 일상에 약간의 노력을 들여서 수익을 올릴 수 있는 방법이다.

글쓰기는 모든 콘텐츠의 뿌리다

평생 직장과 한 가지 직업을 당연시 하던 예전과 달리, 요즘은 일을 찾아서 만드는 N잡 시대가 되었다. 클래스 101과 같은 강의 플랫폼이나 유튜브에서도 N잡 콘텐츠를 쉽게 찾아볼 수 있다. 여기서 중요한 역량 역시 글쓰기다. 블로그, 유튜브, 전자책, 강연 등 모든 N잡에서 글쓰기는 기본이다. 예를 들어, 블로그 운영자를 떠올려 보자. 대단한 글솜씨가 필요하진 않겠지만 중요 정보를 추리고 효과적으로 표현하는 스킬이 있어야 유리하다. 유튜브 제작 역시 콘텐츠 기획과 스크립트를 작성하는 데 글쓰기가 필요하다. 지식 생산형 부업인 전자책 출판이나 강의 콘텐츠 제작 역시 마찬가지다. 글쓰기는 모든 콘텐츠의 뿌리다.

이처럼 직장에서뿐만 아니라 직장 밖에서 수익을 창출하기 위해서도 글쓰기는 필수적인 역량이다. 거의 모든 콘텐츠가 글에서 시작된다고 해도 과언이 아니다.

그러니 돈을 벌기 위해서는 글을 써야 한다. 다르게 말하면 글쓰기는 돈이 된다. 직장에서 몸값을 올리기 위해서도 직장 밖에서 부업을 위해서도 글이 필요하다. 당장 직장을 다니면서 부업을 하지 않더라도, 글쓰기를 연마해 두면 나중에 어떤 일을 하든 유리하다. 따라서 당장 N잡 계획이 없더라도 직장을 다니면서 탄탄한 글쓰기 역량을 쌓아두자. 그다음은 이렇게 다양한 분야에도 적용하며 써먹을 수 있다.

05

부수입은 당당한 직장인을 만든다

회사는 언제든 떠날 수 있어야 한다

당신은 직장을 언제까지 다닐지, 혹은 다닐 수 있을지를 생각해 본 적 있는가? 회사는 영원히 다닐 수 없다. 언제든 떠날 수 있어야 한다. 갑자기 회사를 언제든 떠날 수 있어야 한다니. 앞서 직장인으로서 글쓰기로 몸값을 올리고, 재산으로 만들자는 이야기를 해놓고 말이다. 나는 지금 당신에게 회사를 그만두라고 이야기하는 게 아니다. 언제든 회사에서 나를 필요로 하지 않을 순간, 회사 없이도 살아가야 하는 순간이 있다. 예를 들면 퇴사, 은퇴, 회사의 경영 악화 등 미래에 발생할 수 있는 일의 가능성과 대비책을 마련해 놓자는 뜻이다.

언젠가 직장에서 "이제 우리는 더 이상 당신과 함께 갈 수 없게 되었습니다"라는 말을 듣게 될 모습을 상상해 보자. 예상치 못한 사실에 절망할 수도 있다. 반면 '그럴 줄 알고 다른 길도 준비했지' 하고 쿨하게 직장을 떠날 수 있는 사람이 될 수도 있다. 평소 그에 따른 준비를 했느냐에 따라 달라진다. 여기서 '준비'는 단순히 퇴직을 위한 노후 준비만을 말하는 게 아니다. 나의 전문성만으로, 회사 타이틀 없이도 살아남을 준비를 말한다.

사실 소수의 직장을 제외하고는 고용의 안정성이 평생 보장되는 곳은 거의 없다. 자신의 의지에 상관없이 경제, 경영 상황 같은 외부 요인으로 일자리를 잃을 가능성도 있다. 의외로 회사가 없는 삶을 한 번도 생각해 보지 않은 직장인이 많다. 하지만 퇴사나 은퇴는 당장의 문제가 아니더라도 언젠가는 맞닥뜨려야 하는 상황이다. 그다음 스텝을 생각하며 다니는 사람과 그렇지 않은 사람은 분명 차이가 있다. 현실에만 안주하지 않고 그다음 스텝을 생각하는 사람이 미래를 내다보고, 위기에 빠르게 대처할 수 있다.

직장인 루틴과 1인 사업자 마인드

오늘날 사회와 기술의 변화로 과거에 없던 새로운 직업이 많이 생겨나고 있다. '어디에 소속되어 있는지'보다 '어떤 일을 하는지'에 맞춰 직업 이름을 붙이는 경우가 많아졌다. 콘텐츠 크리에이터, 뷰티 인플루언서, 데이터 분석가. 이렇게 새로운 직업이 생기면서 자기 주도적 커리어를 만들어가는 사람들이 생겼다. 프리랜서나 창업가처럼 말이다. 앞서 살펴봤듯이 많은 직장인이 본업 외에도 다양한 일을 하고 있다. 그리고 여러 분야에 적용할 수 있는 공통 도구로 글쓰기를 이야기해 왔다. 그렇다면 이제 본격적으로 마인드 세팅과 방법론을 이야기해 보자.

실제로 직장을 다니며 글을 써서 작가의 삶을 살고 있는 사례를 살펴보자. 《서울 자가에 대기업 다니는 김 부장 이야기》 시리즈는 한국에서 30만 부 이상 판매된 베스트셀러다. 이 책의 저자인 송희구 작가는 직장을 다니며 이 글을 썼다. 처음부터 출간이 목적은 아니었다고 한다. 그는 직장을 다니며 새벽과 주말 시간을 활용해 블로그에 글을 쓰기 시작했다. 많은 직장인이 공감할 수 있는 직장 현실, 부동산 문제를 블로그에 글로 풀어내며 인기를 얻었다. 이후 출판사의 제안을 받아 책으로 출간하게 되었다. 베스트셀러에 오른 이 책은 웹툰으로도 제작되어 많은 사랑을 받고 있다. 그는 직장을 다니면서도 글을 써서 충분히 성공할 수 있음을 보여주고 있다.

이처럼 직장인인 당신이 작가와 같은 제2의 삶을 꿈꾸고 있다면, 가장 먼저 해야 할 일은 '직장 다니며 글쓰기'다. 간혹 전업 작가로서의 삶을 위해 회사를 그만두고 글쓰기에만 매진하겠다는 생각을 할 수도 있다. 하지만 '본업보다 큰 성과를 이루기 전까지는 우선 직장에 다니라'고 권하고 싶다. 가장 큰 이유는 '직장인의 루틴'이 있기 때문이다. 앞서 이야기했듯 글쓰기도 루틴이 중요하다. 가능한 일정한 시간에, 꾸준히 글을 써야 한다. 직장인은 기본적으로 루틴이 잡혀 있기에 오히려 글을 쓰기 최적의 조건을 가지고 있다. 정해진 근무 시간이라는 제한이 있는 대신, 일정한 시간에 일한다는 점은 루틴 측면에서는 장점이 될 수 있다.

만약 야근이나 회식처럼 일정이 생긴다면, 그에 맞춰 글쓰기 일정을 조정하면 된다. 물론 야근과 회식이 잦다면 쉽지 않다. 하지만 이런 상황에서는 무엇을 하기도 어렵다. 기본적으로 직장 다니며 글을 쓰는 일은 '퇴근 후 내 시간이 있어야 한다'는 전제가 깔려 있다. 야근과 회식이 지나치게 잦다면 부서 이동이나 이직과 같은 해결책을 찾아보는 것도 방법이다.

또 다른 이점은 직장이라는 '안전장치'가 있어 스트레스를 덜 받을 수 있다는 점이다. 여기서 말하는 안전장치는 경제적, 심리적 모두 해당한다. 월급을 받으며 글을 쓰기 때문에 당장 부업으로 생계를 책임져야 할 필요는 없다. 그렇기에 심리적인 압박감을 덜 느끼면서 글을 쓸 수 있다. 같은 일이라도 '생계 수단'으로 여기는 것과 '취미'로 여기는 것, 이 두 가지의 압박감은 분명 다르다.

그러니 이제부터는 '언제든 회사를 떠날 수 있다는 마인드'를 가져보자. 언제든 회사를 떠나 내 사업을 할 수도 있다는 마음가짐. '1인 사업자 마인드'라고도 한다. 글쓰기를 기반으로 인생 2막을 준비해 보자.

단, 헷갈리면 안 되는 점은 1인 사업자 마인드는 일을 결코 대충하라는 말이 아니다. 은퇴를 대비해 평소에 미래를 준비하는 자세가 핵심이다. 아이러니하게도 이러한 마음가짐이 오히려 업무태도와 역량을 높여준다. 회사에서의 모든 일 혹은 일상에서의 일을 '내 사업을 위한 발판'으로 보는 시각을 가질 수 있기 때문이다. 일을 할 때 '왜 하는지 모르겠다, 하기 싫다'보다는 '배워두면 쓸모가 있겠지, 밑거름이 되겠지' 하는 편이 스트레스를 덜 받으며, 더 많은 것을 배울 수 있다.

예를 들어, 회사 비용을 처리할 때도 기계적으로 하면 그저 귀찮은 일에 그친다. 그런데 1인 사업자 마인드를 가지면 나중에 내 사업에 써먹을 수 있는 좋은 밑거름이 된다. 누가 시키지 않아도 더 깊이 알아보고 공부하게 된다. 주의할 점은 회사에 따라 회사 밖에서 수익 창출하는 활동에 제한이 있을 수 있다는 점이다. 회사의 취업 규칙을 잘 살펴봐야 한다. 자신이 하려는 활동이 회사 규칙에 위반되는 사항이 있는지 사전 체크는 필요하다. 무엇보다 본업이 우선이어야 한다는 사실을 잊지 말자.

내 글이라는 상품을 팔자

1인 사업자 마인드를 갖췄다면 이제 방법론을 이야기해 보겠다. 내 글로 어떻게 하면 돈을 벌 수 있을지 그 방법을 고민해야 한다. 글을 상품화하는 전략과 방법을 찾아 실행해 보자. 자신의 재능을 팔거나, 글 자체를 상품화해서 수익을 낼 수 있는 플랫폼을 소개한다.

글쓰기를 통한 서비스 & 역량 판매

자신의 재능이나 글을 판매하는 대표적인 방법은 재능마켓 활용이다. 재능마켓에서는 프리랜서들이 자신의 재능을 활용한 서비스를 판매할 수 있다. 대표적으로 크몽, 숨고, 탈잉 같은 사이트가 있다. 재능을 콘텐츠화해서 수익화가 가능하다. 어떤 재능을 팔 수 있을지 감이 오지 않는다면, 사이트를 직접 방문해 보자. 다양한 카테고리의 서비스를 판매하고 있다. 디자인, 프로그래밍, 영상/사진, 마케팅, 통번역, 문서/글쓰기, 직무 역량, 외국어 등. 평소 자신 있는 재능이 있다면 이를 판매하면 되지만, 무엇을 팔아야 할지 모르겠다면 사이트를 돌아보며 내가 서비스화할 만한 재능이 있는지 생각해 보자. 만약 자신이 오랜 마케팅 경력을 가지고 있고, 직무 전문성을 갖췄다면 노하우를 담은 콘텐츠를 판매할 수 있다. 반드시 직무와 관련된 재능이 아니어도 좋다. 평소 사람들이 내게 어떤 부탁을 많이 하는지 떠올려 보자. 만약 평소 취미로 사진 찍는 걸 좋아하고, 주변에서도 사진을 잘 찍는다는 칭찬을 많이 듣고, 주변에서 사진 찍어달라는 부탁을 받는다고 하면, 자신의 재능인 사진 촬영 서비스나 노하우를 판매하면 된다. 재능마켓에서는 자신의 서비스가 매력적인 상품으로 보이도록 글을 써서 수익을 낼 수 있다. 우선 프로필에 매력적인 문구를 작성하는 것부터가 시작이다. 구체적일수록 좋다. 예를 들어, 동물 사진에 자신이 있다면 '사진 촬영가'보다는 '반려동물 사진 촬영 전문가'라 자신을 소개하는 게 좋다. '동물 사진 찍어드립니다'보다는 '우리 집 댕댕이(강아지) SNS에서 좋아요 폭발할 만한 인생 사진 찍어드립니다'가 더 구체적이다. 재능마켓 사이트에서 인기 순 혹은 판매 순으로 나열을 해보면, 인기 있는 서비스는 프로필과 상품 설명, 그러니까 '카피라이팅'에 신경을 많이 썼다.

단순히 제품 촬영을 해준다는 서비스는 시선을 끌지 못한다. 실제로 재능마켓의 상위 판매 서비스를 둘러보자. 잘 팔리는 서비스는 구체적이고 특색 있다.

- 시선이 자꾸 가는 감성적인 제품 사진 촬영
- 자연광이 비치는 느낌 있는 제품 사진 촬영
- 맛있어 보이는 음식 & 밀키트 제품 촬영

카피라이팅으로 클릭을 유도했다면, 그다음은 시각적 유도가 필요하다. 빠르게 페이지를 훑어보는 고객들의 시선을 머물게 해야 하기 때문이다. 사진을 올릴 SNS를 만들자. 이 SNS는 포트폴리오 역할이 된다. 인스타그램에 자신만의 감성을 담은 잘 찍은 사진을 꾸준히 업로드한다. 유명한 작가나 인플루언서가 아니라면 고객 리뷰 등 평판이 중요하다. 먼저, 고객을 확보해야 하니 초기에는 저렴한 비용으로 고객을 유인하고 좋은 리뷰와 평판을 쌓는 방법이 효과적이다. 재능마켓에서 상품을 고를 때 리뷰, 평판은 중요한 역할을 한다. 고객에게 최선의 서비스를 제공하고, 리뷰를 잘 작성해 주면 혜택을 주는 방법도 있다. 좋은 평판을 캡처해서 제품 상세 설명 페이지에 보여주면 설득력을 높일 수 있다.

이 외에도 클래스101 같은 강의 플랫폼에서 강의를 만들어 판매하는 방법도 있다. 다만 해당 플랫폼은 주로 유명한 작가나 인플루언서가 강의를 하기에 진입 장벽이 높은 편이다. 자신의 상품이 어떤 플랫폼에 적합할지, 각 플랫폼에서 주로 판매되는 콘텐츠를 조사하는 과정도 도움이 된다. 위와 같은 재능마켓에서 평판이 좋으면, 추후 강의나 컨설팅으로 이어질 수 있다.

전자책

전자책을 만들어 판매하는 방법도 있다. 재능을 공유해서 수익도 얻고, 작가도 될 수 있다. 앞서 서비스 판매 플랫폼으로 설명한 크몽이나 숨고 같은 재능마켓에도 PDF 전자책도 판매가 가능하다. 앞서 사진 촬영 서비스를 재능마켓에 상품화하는 방법을 알아봤다면, 이번에는 촬영 노하우를 전자책으로 만들어보자. 제목은 되도록 구체적일수록 좋다. '사진 촬영 노하우'보다는 '아이폰을 이용한 인스타그램 업로드용 제품 촬영 노하우'가 구체적이다.

전자책도 수익을 내기 좋다. 심지어 많은 전자책이 종이책보다도 훨씬 비싼 가격에 판매가 되기도 한다. 특히 투자나 창업 노하우를 담은 전자책은 100만 원이 넘는 가격에도 팔린다. 한 권만 팔아도 큰 수익을 얻을 수 있다.

그 외에도 오투잡, 탈잉, 와디즈처럼 사이트는 다양하다. 플랫폼마다 중개 수수료는 다르지만 적게는 5%에서 많게는 20% 혹은 30%까지 수수료를 부과하기도 한다. 그럼에도 충분히 좋은 수익 구조를 가지고 있다. 종이책 한 권을 판매해서 작가가 얻는 인세가 통상적으로 책 판매가의 10%다. 전자책은 수수료를 제외해도 70~80%의 인세를 얻을 수 있다. 게다가 높은 가격에 판매가 이루어지거나, 판매 수량이 많아지면 큰 수익을 낼 수 있다. 실제 전자책으로 월 수백만 원씩 수익을 냈다는 사례도 있다. 괜히 전자책이 인기 있는 직장인 부업으로 떠오르는 게 아니다.

종이책과 비교하면 어떨까. 전자책은 종이책에 비해 제작부터 판매까지의 과정이 비교적 쉬운 편이다. 종이책 출판과 다르게 출판사와 계약 없이도 판매가 가능하다. 게다가 인쇄, 물류, 오프라인 과정이 불필요하다. 따라서 투자 비용이 거의 들지 않는다. 분량 면에서도 종이책에 비해 부담이 덜하다. 주제에 따라 다르겠지만, 적게는 10페이지의 전자책도 판매되고 있다. 일반적으로는 50페이지 정도의 분량이면 판매하기 충분하다. 길지 않은 분량 특성상, 핵심적인 내용 위주로 다뤄야 한다. 전자책도 일명 '잘 팔리는 주제'가 정해져 있는 편이다. 판매 플랫폼에서 판매 상위 전자책의 주제와 목차를 살펴보는 것도 도움이 된다. 지금 이 글을 쓰는 시점에서 잘 팔리는 주제는 주로 재테크, 투자, 부업, 자기 계발, 직무, 커리어 분야다. 전자책을 판매하고 싶다면, 자신 있는 분야를 선택하는 전략도 좋지만 가능하면 잘 팔리는 주제를 선정하자. 수익화가 목적이라면 더욱 시대의 흐름을 파악할 필요가 있다. 주제 선정을 위한 트렌드 조사는 필수다.

웹소설

다음 드라마의 공통점은 무엇일까? 〈재벌집 막내아들〉, 〈내 남편과 결혼해줘〉, 〈구르미 그린 달빛〉, 〈사내맞선〉. 큰 흥행을 이룬 이 작품들은 웹소설이 원작이라는 공통점이 있다. 웹소설 원작 드라마가 많아지고 인기를 얻고 있다.

만약 당신이 평소 소설 쓰기에 관심이 있었다면 웹소설을 도전해 보는 건 어떨까. 평소 웹툰이나 웹소설을 즐겨보았다면 더 좋다. 최근 어떤 콘텐츠가 인기가 많은지 트렌드 파악에 유리하기 때문이다. 평소 상상하기를 좋아하거나 한 번쯤 소설가를 꿈꿔본 적이 있다면 도전해 볼 만한 분야다.

웹소설 분야의 빅3라 불리는 플랫폼은 카카오페이지, 네이버시리즈, 리디북스다. 그 외에도 문피아, 조아라, 노벨피아 등도 국내에서 규모가 큰 플랫폼이다. 주로 유료 연재, 후원, 광고 등을 통해 수익 창출이 가능하다. 다른 글에 비해 웹소설이 가진 주요 특징은 독자의 반응이 즉각적이라는 점이다. 때로는 냉철한 반응을 감수해야 한다. 어쩌면 독자들의 악플이 달릴지도 모른다. 뿐만 아니라 정해진 일정에 맞춰 글을 연재해야 한다.

인터넷에 웹소설 작가는 얼마나 글을 써야 하는지 검색해 보자. 많은 글에서 '하루에 5,000자는 써야 한다'고 알려준다. 그만큼 많은 시간을 투입해야 하는 분야기도 하다. 창의성뿐 아니라, 성실함이 가장 큰 기본 자질일지도 모른다. 경쟁도 치열하고 흐름도 빨라서 분명 만만한 부업은 아니다. 그럼에도 많은 사람이 웹소설에 도전을 한다. 인기 작가 중에는 한 달에 억 단위를 버는 작가도 있다. 말 그대로 한 번 터지면 크게 터질 수 있다. 웹소설이 잘되면 웹툰, 드라마로 제작될 수 있기 때문이다. 단, 소수의 인기 작가의 경우고, 처음에는 꾸준히 쓰는 과정이 필요하다.

이 중 나와 맞는 재능 수익 창출 방법을 찾아보자. 나만의 재능을 글쓰기라는 도구를 활용해 판매해 보자. 우선 어떤 재능을 어디에 어떻게 판매할지 선택하고, 꾸준히 연재해 보자. 공통점은 각 서비스나 콘텐츠에도 트렌드가 있다는 점이다. 평소에 요즘 사람들은 어떤 글을 읽는지, 어떤 콘텐츠를 많이 보는지 관심을 가져보자. 때로는 주변을 둘러보고 서칭하고 공부하는 노력이 필요하다. 또한 당장 수익이 나지 않더라도, 포기하지 말고 일정 기간 이상은 지속해 보자. 스스로를 브랜딩하는 과정이라 생각해야 한다. 꾸준히 글을 쓰다 보면, 좋은 기회는 반드시 온다.

06 퇴근 후 SNS 글쓰기

독자와 공유하며 성장하기

직장인이 많이 하는 거짓말이 있다. 많은 직장인이 아래 둘 중 하나의 거짓말을 하거나, 아니면 둘 다 한다.

"나 퇴사할 거야."

"유튜버(N잡)할 거야."

퇴사하고 유튜브 한다던 박 과장님, 여전히 잘 다니고 계신다. 퇴근 후에는 유튜브를 찍는 대신 유튜브를 본다. 우리는 어떨까.

앞서 글쓰기가 가장 좋은 N잡이라는 글을 읽고 어떠한 실천을 했는지 생각해 보자. 계정을 만들었다거나, 글을 한 편이라도 썼는가. 아무것도 하지 않았다면 당신은 이 책을 읽기 전과 후가 달라진 게 없는 상태다. 우선 오늘부터 글을 써보자. 나만의 글과 콘텐츠를 만들고, 세상에 공유해 보자. 퇴근 후 유튜브를 보는 대신, 콘텐츠를 기획해서 스크립트 한 줄이라도 써보면 어떨까. 주말에 갈 맛집을 블로그로 찾는 데서 그치지 않고, 다녀온 맛집을 포스팅해보면 어떨까.

직장인 글쓰기는 퇴근 후 자율적으로 해야 한다. 따라서 꾸준히 지속하는지 여부가 성패를 가른다. 일을 하면서도 꾸준히 글을 쓰기 위해서는 동기부여가 필요하다. 혼자서 의지를 다잡자니 웬만한 의지가 아니면 중간에 포기하기 쉽다. 그런데 누군가가 내 글을 읽는다고 상상해 보자. 그 사실만으로 하나의 동기부여가 된다. 혼자 글을 쓸 때보다 더욱 신경 쓰고 다듬는다. 이렇게 '독자와 공유하는 글쓰기'는 그 자체만으로 좋은 글쓰기 연습이 된다. 내 글을 누군가가 읽는다는 사실을 알면 책임감도 생긴다. 결국, 독자와 글을 공유하면 배울 점이 상당히 많아지고 결과적으로 성장하게 된다.

만약 글을 잘 다듬어 꾸준히 올린다면 퍼스널 브랜딩도 가능하다. 혼자 글을 쓰는 건 일기와 다를 바 없지만, 공유하는 순간 세상에 나를 알리는 강력한 수단이 되기 때문이다. 자신의 글이나 콘텐츠가 온라인에서 영향력을 갖게 된다. 이러한 이유로 SNS 글쓰기는 수익화도 충분히 가능하다.

이제 혼자 쓰던 글을 공개 플랫폼에 연재하고 공유해 보자. 처음에는 반응이 없을지라도 꾸준히 올리다 보면 내 글을 봐주는 독자가 생긴다. 글을 꾸준히 읽어주는 독자, '좋아요'를 눌러주는 독자, 댓글을 남겨주는 독자. 이러한 반응은 글 쓰는 이가 포기하지 않고 꾸준히 쓰게 만들어준다.

또 다른 이점은, 독자의 반응을 즉각 알 수 있고, 통계로도 확인할 수 있다는 점이다. 예를 들면, 좋아요 수, 조회 수, 팔로워, 방문자 등 모두 숫자로 확인할 수 있다. 또한 플랫폼에 따라 어떤 글을 얼마나 읽었는지 통계로 알 수도 있다. 이렇게 숫자와 피드백으로 독자의 반응을 확인할 수 있다는 점은 글쓰기에 큰 도움이 된다. 어떤 글이 독자의 사랑을 받는지, 수요가 많은지, 때로는 피드백을 보며 생각하지 못했던 개선점을 찾을 수도 있다. 혼자서 글을 쓸 땐 몰랐던 사실을 알게 되며 글 쓰는 사람으로서 시야가 넓어진다.

때로는 비판을 하거나 또는 악플을 다는 사람도 있을 수 있다. 합리적인 비평은 하나의 피드백으로 받아들이면 된다. 간혹 달리는 악플처럼 안 좋은 반응에는 크게 일희일비하지 말자. 그 사람은 누구에게나 나쁜 말을 했을 사람이다. 오히려 '내 글이 트래픽

유입이 늘어나서, 타깃 독자가 아닌 사람에게까지 닿았구나'라고 생각하고 말자. 당신 글에 트래픽이 늘어나면 독자가 늘어나고 있다는 좋은 신호다.

어디에 쓰는 게 좋을까

글을 쓰고 공유할 수 있는 SNS 플랫폼은 다양하다. 먼저, 자신의 목적과 상황에 맞게 플랫폼 하나를 정한다. 그다음은 해당 플랫폼에 꾸준히 쓰면 된다. 다음과 같이 각 특성을 고려해서 연재할 플랫폼을 선정해 보자.

1. 브런치 스토리Brunch Story

- 특성: 전문적이고 긴 글쓰기 위주로 나를 브랜딩하기에 적합하다.
- 장점: 글에 진심인 작가와 독자가 많은 플랫폼이다. 이러한 이유로 광고 비중이 높은 타 플랫폼에 비해 글의 퀄리티나 완성도가 높은 편에 속한다. 주기적으로 출판 프로젝트도 진행하고 있다. 유명 출판사와 협업하여 공모전 형태로 작가를 발굴하기도 한다. 유명 작가가 아니더라도 김영사, 미디어창비, 알에이치코리아, 한빛미디어와 같은 인기 있는 출판사에서 책을 낼 수

있다. 상금은 물론 마케팅까지 지원해 주기 때문에, 출간 작가를 꿈꾸는 사람이라면 안 할 이유가 없다.

'작가에게 제안하기'라는 기능도 있어서, 출판이나 강연 제안을 받을 수도 있다. 따라서 자신의 목표가 출판이라면 브런치 스토리는 좋은 기회가 될 수 있다. 작가로서 브랜딩에도 유리하고, 퀄리티 높은 글을 연재할 경우 신뢰를 쌓기 좋다.

에디터 픽으로 선정될 경우, 다음이나 카카오톡 페이지 등에 소개되기도 한다. 조회 수를 높일 수 있는 좋은 기회다.

- 단점: 먼저, 작가 승인 심사 과정이라는 진입 장벽이 존재한다. 자기소개와 활동 계획을 적고 작성한 글을 첨부한 후 심사를 거쳐야 한다. 승인이 되면 연재를 할 수 있다. 또한 아직까지는 수익화에 최적화된 플랫폼은 아니다. '응원하기'라는 후원 시스템이 생겨 수익화도 가능하지만, 일부 영향력 있는 작가 외에는 후원만으로 지속적인 수익화는 쉽지 않아 보인다.
- 추천 독자: 작가 지망생, 글을 읽고 쓰는 데에 집중하고 싶은 사람, 깊이 있는 글로 자신의 콘텐츠를 브랜딩하고 싶은 사람.

2. 블로그 Blog

- 특성: 진입 장벽이 낮고, 일상에서 쉽게 시작 가능하다. 블로그는 콘텐츠의 진입 장벽이 가장 낮아 누구나 쉽게 시작할 수 있는 플랫폼이다. 특히 일상 속에서 간단히 글을 작성할 수 있어

부담이 적다. 만약 글쓰기 플랫폼을 시작하고 싶은데 주제를 정하지 못했다면 블로그를 추천한다.

미국 작가 스콧 애덤스는 "블로그란 일종의 R&D 공간이었다"고 표현했다. 그만큼 블로그는 콘텐츠별 독자의 반응을 확인하기 좋은 공간이다. 명확한 주제를 정하지 못했다면, 초반에는 다양한 주제를 시도하며 반응이 좋은 주제를 찾아가면 된다. 관심 있는 여러 분야를 탐색하며 독자의 반응을 살피며 실험해 보듯 시작해서, 반응이 좋은 콘텐츠에 집중하도록 하자. 블로그도 한 가지 집중 주제가 있어야 성공하기 쉽다.

- 장점: 적정 키워드를 잘 넣고 꾸준히 포스팅을 하면 검색했을 때 노출이 되기 쉽다. 이처럼 검색 최적화가 잘되는 편이기 때문에 글을 꾸준히 쓰고 포스팅하면 자연스럽게 트래픽 증가를 기대할 수 있다. 특히 네이버 블로그는 이용자가 많은 반면 퀄리티가 높지 않은 포스팅도 많기에, 공들여 만든 양질의 콘텐츠로 차별화하는 것이 비교적 수월한 편이다. 티스토리는 애드센스라는 광고 수익 구조로 돈을 벌 수 있다. 블로그 글만으로도 영향력을 가지고 수익 정보성 콘텐츠나 광고 수익을 기대하는 사람들에게 적합하다.

블로그의 또 다른 강점은 손이 많이 가지 않으면서도 일상에서 쉽게 콘텐츠를 만들어낼 수 있는 플랫폼이라는 점이다. 타 플랫폼에 비해 적은 인풋으로 좋은 성과를 낼 수 있다.

- 단점: 레드오션에 속해 있어 성공을 위해서는 꾸준한 노력이 필요하다. 1일 1포스팅이 기본일 정도로, 지속적으로 긴 기간 포스팅을 해야만 경쟁에서 앞설 수 있다.
- 추천 독자: 글쓰기 주제를 명확히 정하지 않았지만 무엇이든 시작해 보고 싶은 사람, 타 플랫폼에 비해 비교적 많은 시간과 에너지를 쓸 여유가 안 되는 경우. 일상 속 글쓰기로 장기적인 수익을 목표로 하고 있는 사람.

3. 인스타그램Instagram

- 특성: 이미지 중심의 글쓰기로 비주얼과 스토리텔링을 결합하는 데 탁월한 플랫폼이다.
- 장점: 이미지, 쇼트 폼 등 비주얼적 요소를 강조해 감각적이고 짧은 글을 쓰기에 적합하다. 빠른 피드백을 받을 수 있어 팔로워를 쉽게 모을 수 있고, 브랜드 협업을 통한 수익 창출이 가능하다. 긴 글보다는 호흡이 짧고 이미지로 전달할 때 효과가 좋은 내용을 쓰기 적합하다.
- 단점: 깊이 있는 긴 글을 쓰기에는 한계가 있으며, 이미지 의존도가 높아 글의 퀄리티보다는 비주얼의 비중이 크다. 블로그와 마찬가지로 레드오션에 속해 경쟁이 심하며 꾸준한 업로드(주 2~3회)가 필요하다.
- 추천 독자: 비주얼 콘텐츠를 결합해 짧고 즉각적인 반응을 원

하는 사람. 제품 홍보나 빠른 트렌드 대응에 관심 있는 사람.

4. 스레드 Threads

- 특성: 짧은 글 위주로 빠른 피드백과 실시간 소통에 적합한 플랫폼이다.
- 장점: 트렌디한 주제에 대해 즉각적인 의견 공유가 가능하고 실시간 소통을 중시하는 플랫폼이다. 짧은 글이나 콘텐츠로 대중과 빠르게 상호 작용할 수 있다. 아직까지는 타 플랫폼에 비해 인플루언서의 비중이 낮은 편이라, 기회의 장으로 볼 수 있다. 따라서 타 플랫폼에 비해 팔로워 모으기도 수월한 편이다.
- 단점: 짧고 간결한 글쓰기가 주류라서 깊이 있는 내용을 주로 다루기에는 적합하지 않다. 또한 피드가 빠르게 변하는 등 콘텐츠 휘발성이 강해 빠르게 사라진다.
- 추천 독자: 트렌드에 빠르게 반응하고 실시간 소통과 짧고 강렬한 메시지 전달을 선호하는 사람.

5. 유튜브 YouTube

- 특성: 파급력을 갖추기 쉬우며 수익 창출에 유리한 영상 콘텐츠 중심의 플랫폼이다.
- 장점: 스크립트 작성 및 스토리보드 구성 등 콘텐츠 기획에 글쓰기 기술이 활용된다. 구독자가 많아지거나 조회 수가 잘 나오

기 시작하면, 광고와 브랜드 협업을 통해 높은 수익을 창출할 수 있다. 채널을 잘만 키우면 타 플랫폼에 비해 큰 수익뿐 아니라 파급력 또한 얻을 수 있다.

- 단점: 영상 제작부터 편집까지 고려해야 하므로 시간과 비용이 많이 소요된다. 영상 길이의 몇 배로 시간과 노력을 들여야 할 수 있다. 글쓰기가 주 콘텐츠라기보다는 영상의 부가적인 요소로 작용한다.
- 추천 독자: 비주얼 콘텐츠에 강점이 있고, 파급력과 수익 창출이 가장 큰 목적인 경우.

위에서 살펴보았듯이 각 플랫폼은 콘텐츠를 전달하는 방식과 팔로워를 구축하는 전략이 다르다. 자신의 목적에 맞는 플랫폼을 선택해서 시작해 보자. 계정이 없다면, 오늘 바로 계정을 만들어 보는 것부터가 시작이다. 첫 게시물은 너무 고민하지 말고 사용법을 익힌다고 생각하고 업로드해 보자.

TIP

플랫폼 선택법

1. 팔로워를 빨리 늘리고 싶다면?

인스타그램과 스레드가 적합하다. 짧고 빠른 피드백으로 즉각적인 성과를 볼 수 있으며, 트렌드에 반응하는 콘텐츠로 팔로워 증가에 유리하다.

2. 전문성을 키우고 퍼스널 브랜딩이 필요하다면?

브런치 스토리는 긴 글로 자신의 전문성을 어필하고 싶은 작가나 콘텐츠 크리에이터에게 적합하다. 블로그도 장기적인 콘텐츠와 검색 최적화로 신뢰를 쌓을 수 있다.

3. 수익화를 목표로 한다면?

장기적으로 시간과 노력을 투자할 수 있다면, 블로그나 유튜브가 좋다. 광고 수익이나 브랜드 협업을 통해 직접적인 수익을 창출할 수 있기 때문이다. 자신의 제품이나 콘텐츠가 있다면 인스타그램도 좋다. 팔로워가 많아지면 제품 리뷰나 협찬으로 수익을 낼 수 있다.

4. 짧고 간단한 글쓰기를 원한다면?

스레드가 짧은 글쓰기에는 가장 적합하다. 혹은 인스타그램에서 이미지와 함께 짧고 감각적인 글을 써보자. 이 두 플랫폼은 팔로워와의 빠른 소통을 원하는 사람에게 적합하다.

07 사람과 돈을 끌어들이는 글쓰기

온라인에 빌딩 짓는 SNS 글쓰기

수많은 직장인이 경제적 자유를 꿈꾼다. 실제로 다양한 방법으로 경제적 자유를 이룬 사람이 많다. 그중에서도 많은 직장인의 부러움을 사는 사람은 '건물주'다. '조물주 위에 건물주'라는 우스갯소리도 있다. 그만큼 빌딩을 가지고 월세를 받는 일은 누구나 바라는 멋진 삶이다. 이제 당신도 글쓰기로 자신의 건물을 지어보자. 글쓰기로 빌딩 짓는 일이 가능하냐고?

많은 마케팅 전문가의 비유처럼, SNS에서 자신의 브랜드를 구축하고 콘텐츠로 수익화하는 과정은 마치 온라인 건물주가 되는 일과 같다. 가상의 공간에 나의 세계를 하나씩 구축해 나가는 과정이다. 단, 빌딩은 단기간에 완성되지 않는다. 글쓰기의 수익화도 마찬가지다. 내가 말하는 '온라인에 빌딩 짓는다'는 비유는 단지 '돈을 많이 벌 수 있어서'만은 아니다. 글을 몇 편 썼다고 갑자기 큰돈을 벌 수는 없다. 그보다는 '많은 시간과 노력이 필요하지만 투자 가치 있는 일'에 가깝다. SNS 글쓰기는 입지를 고르고, 설계도를 만들고, 자재를 고르는 작업부터 시작하는 장기 프로젝트다. 분명 처음에는 막막할 수 있다. 당장 할 수 있는 작은 것부터 하나씩 접근해 보자. 가상 공간에 빌딩을 짓고 상점을 입점시키자. 처음에는 작은 카페로 시작해 보고, 음식점도 입점시켜 보고, 여행사도 입점시켜 보자. 조용하던 상점에 많은 사람들이 방문하면서 건물은 점점 붐비고 매출이 증가한다.

카페, 맛집, 여행과 같이 다양한 콘텐츠를 만들어서 업로드하자. 각 게시물은 일종의 콘텐츠 자산이다. 꾸준히 쌓아가며 공간을 구축해 나가면, 조회 수가 늘어나고 팔로워가 증가한다. 그들이 자주 방문하게 만드는 콘텐츠는 나만의 핵심 서비스다. 그 중심에는 글쓰기가 있다. 이 온라인 빌딩 짓기라는 장기 프로젝트 과정에서 퍼스널 브랜딩, 자기 계발, 부수입이라는 가치를 창출해 낼 수 있다. 게다가 온라인 빌딩을 짓는 건 자금이 들지 않는다. 망한다고 돈을 잃을 일도 없다. 빌딩을 지으며 얻은 기술은 분명 어딘가는 유용하게 쓰인다. 이만한 투자가 또 어디 있을까? 지금 당장 글쓰기 투자를 시작하자.

먼저, 기초 공사를 해보자. 가장 먼저 할 일은 자기 브랜드 콘셉트를 정의하는 것이다. 기업도 브랜드 정체성을 정하듯 개인의 강점이나 가치관을 기반으로 남에게 전달할 고유한 이미지를 정한다. 자신이 어떤 메시지를 전달하는 사람인지를 독자에게 명확히 심어주자. 브랜딩 없이 중구난방으로 글을 쓰면 일관성이 없어지고, 독자는 글쓴이를 기억하기 어렵다. 되도록 하나의 주제 안에서 글을 써나가자. 우리는 전문가를 신뢰하는 경향이 있다. 블로그나 SNS 역시 넘쳐나는 정보 중 신뢰할 만한 전문가를 찾는 공간이기도 하다. 전문성이 곧 영향력이 되는 구조다. 이 때문에 일관된 주제의 글을 쓰는 전략이 좋다.

이제 글의 주제를 탐색해 보자. 먼저, 자신의 강점이나 잘하는 일을 떠올려본다. 직장인은 자신의 경력이나 직무 관련 주제로 글을 쓰면 좋다. 예를 들어, 회사에서 마케팅 담당자면 마케팅을 주제로 글을 써보자. 직무 공부도 될뿐더러, 추후 나의 역량을 입증하기도 좋다. 현업 종사자나 경력자는 독자의 신뢰 또한 얻기 쉽다. 만약 자신의 강점을 떠올리기 어렵다면, 평소 사람들이 내게 어떤 부탁을 많이 하는지 생각해 보자. 혹은 자신이 어떤 칭찬을 많이 받는지 떠올려 보면 된다.

나의 경우, 채용 담당 업무를 했던 경력이 있어서 자기소개서를 정말 많이 읽었다. 그러다 보니 잘 쓴 자기소개서와 그렇지 않은 자기소개서를 구분하고, 빠르게 검토할 수 있었다. 주변에서 종종 자기소개서를 봐달라는 부탁을 받았다. 이때 내가 이 분야에서 가치를 줄 수 있다고 판단했다. 이후 취업 준비생에게 필요한 자기소개서 작성 팁을 블로그에 포스팅했다. 가령 '성장 배경을 묻는 항목은 어떻게 접근해야 할까'와 같은 주제로 작성 팁을 포스팅했다. 이처럼 자신이 독자에게 줄 수 있는 가치를 고민해 보자. 그다음에는 그 주제로 꾸준히 쓰면 된다.

만약 아직 명확하게 방향성을 정하지 못했다면 여러 가지 시도를 해볼 수 있다. 예를 들어, 내 일상에서 자주 접하는 주제부터 시작할 수 있다. 나의 경우, 출근길에 들르는 카페를 블로그에 포스팅해 보았다. 시간은 오래 걸리지 않았다. 카페의 외관과 내부 인테리어, 메뉴판과 음료 사진, 카페의 간단한 정보, 예를 들면 위치, 영업시간, 주요 메뉴와 가격을 넣었다. 여기에 카페나 음료에 대한 감상평을 더했다. 카페에서 음료를 시키고 바로 포스팅을 해보니 30분도 걸리지 않았다. 이렇게 간단한 블로그 포스팅은 스마트폰 어플로도 충분히 가능하다. 일상에서 자주 가는 카페나 맛집, 또는 여행 기록은 SNS 글쓰기를 쉽게 시작할 수 있는 주제다.

다음은 본격적으로 건물을 짓는 단계다. 명확한 콘셉트를 정해서 꾸준히 밀고 나가는 전략을 쓰자. 콘셉트가 뚜렷한 장소에 사람이 모이기 마련이다. 백화점 명품관 층에 저렴한 보세를 파는 상점이 있다면 어떨까. 아니면 골목 재래시장 한복판에 있는 명품 가게는? 타깃 고객층에게 외면을 받을뿐더러, 그 장소의 정체성을 흐리는 결과를 가져오게 된다. 그러니 일관성 있는 주제의 콘텐츠를 꾸준히 전달하자. 1일 1포스팅, 주 2회 이상 업로드 등 자신만의 규칙을 정해놓고 지키는 방법이 좋다. 그렇지 않으면 어느 순간 흐지부지하다 포기하기 쉽다.

영향력이 큰 블로그나 채널은 공통적으로 '꾸준히 게시물을 올렸다'는 특징이 있다. 스스로 특정 요일이나 날짜를 지정해서 게시물을 업로드하자. 플랫폼 자체의 연재 기능을 활용하는 방법도 있다. 예를 들어, 브런치 스토리의 연재 기능을 활용하면 자신이 지정한 요일에 글을 연재하도록 설정이 된다. 이처럼 꾸준히 업데이트하면 점점 빌딩에 층이 쌓이고 건물의 외곽이 잡혀간다.

마지막은 정교한 인테리어 작업이다. 콘텐츠의 퀄리티를 높이는 단계다. 빌딩을 찾은 고객도 방문 경험에 만족하지 않으면 발길을 끊기 마련이다. 고객을 사로잡을 만한 인테리어를 하자. 깔끔하게 내부 공간을 꾸미고, 최상의 상품과 서비스를 제공하자. 누군가가 나의 SNS를 방문했을 때 가장 중요한 포인트는 콘텐츠 퀄리티다. 결국 콘텐츠에 만족한 고객이 다시 방문한다. 콘텐츠가 특정 분야 정보를 소개하는 글이라면 정보가 정확할수록, 최신일수록, 재미있을수록 좋다. 또한 출처가 불분명하다거나, 기본적인 맞춤법을 계속 틀린다거나, 틀린 정보가 들어있지 않은지 살펴보

자. 이러한 요소는 콘텐츠의 퀄리티를 떨어뜨리는 주범이다. 어렵게 나의 공간을 찾은 독자가 콘텐츠 퀄리티에 실망해서 떠나지 않도록 퀄리티에도 공을 들여야 한다.

SNS 글쓰기 수익화의 단계

이제 SNS 글쓰기가 어떻게 돈이 될 수 있는지 알아보자. 그 과정은 일반적으로 아래 단계로 이루어진다. 각 단계를 살펴보자.

1단계: 소통

첫 만남은 중요하다. SNS에 글을 올린 후에는 독자와의 소통을 이끌어내는 것이 중요하다. 처음에는 아무도 반응을 주지 않아도 괜찮다. 꾸준히 글을 올리고, 내가 먼저 다른 SNS에 찾아가 인사를 해보자. 조금씩 독자와 공감대를 형성하며 마음의 거리를 좁혀나가자. 매일 온라인상으로 만나기만 해도, 친밀감을 쌓을 수 있다. 이 친밀감이 오래되면 신뢰로 이어진다. 이를 통해 팔로워가 단순한 방문객에서 친구 혹은 단골손님이 되기도 한다. 팔로워가 많아지면 그만큼 책임감도 생긴다. 잘되는 블로그나 SNS에 게시물이 꾸준히 올라오는 것도 비슷한 이유에서다.

댓글이 달리면 나도 댓글을 달아 의견을 주고받고, 감사를 표시해 보자. 공감 수와 댓글이 많으면 글을 올리는 데 동기부여가 된다. 독자의 반응이 눈에 보이기 때문이다. 독자 또한 작가와 의견을 주고받고 친밀감을 쌓으면 더 자주 찾아올 가능성이 높아진다. 많은 유튜버가 '좋아요 댓글 구독 알림 설정'을 외치는 것과 비슷한 맥락이다. 결국 SNS 글쓰기에서도 반응을 얻으려면 독자와의 소통이 필요하다. 이를 잘해야 마케팅 효과도 얻을 수 있다.

이 외에도 소통을 이끌어내기 위해서 '독자의 반응을 이끄는 문구를 추가'하는 전략도 있다. 다양한 의견이 나올 수 있는 주제일수록 더 유용하다. 글에 자신의 의견을 먼저 제시하고, 마지막에는 독자의 의견을 물어보자. '여러분은 어떻게 생각하시나요?'처럼 독자가 생각하고 의견을 나눌 만한 여지를 주자. 만약 초기에 방문자가 많지 않다면, 당신이 먼저 다른 채널에 방문해서 공감과 댓글을 남기는 방법도 좋다. 당신도 누군가가 자신의 글을 꾸준히 읽고 공감 표시와 댓글을 남긴다면, 고마움을 느끼고 그 사람을 기억한다. 마치 품앗이처럼 서로 댓글을 남기고 '좋아요'를 눌러주는 이웃이 될 수도 있다. 이처럼 초기에는 당신이 먼저 찾아가 소통을 시도하는 방법도 내 글의 유입을 늘리는 좋은 전략이다.

2단계: 모객

다음은 모객이다. 말 그대로 내 글을 읽어줄 구독자(팔로워)를 늘리는 단계다. SNS 글쓰기로 수익화를 꿈꾸고 있다면 팔로워는 나의 잠재 고객이다. 팔로워는 나의 영향력을 입증할 수 있는 숫자다. 그럼에도 팔로워 숫자에만 집착해서는 안 된다. 내 콘텐츠에 크게 관심 없는 팔로워 100명보다는 내 콘텐츠를 좋아해 주는 10명이 더 가치 있다. 따라서 단순히 팔로워 수를 늘리는 데에만 연연하기보다는 소수라도 팬을 만든다는 개념으로 접근하자. "성공은 복잡할 필요 없다. 그저 1천 명의 사람을 행복하게 만들어주는 것에서 시작하라."《타이탄의 도구들》의 저자 팀 페리스의 말이다. 즉, 나의 제품이나 서비스를 좋아해 주는 팬을 만드는 것부터가 수익화의 시작이다.

그러기 위해서는 우선 독자에게 혜택을 제공해야 한다. 퀄리티 높은 콘텐츠를 무료로 제공하기부터 시작한다. 댓글을 달거나 팔로우를 하면 혜택을 주는 방법이 있다. 예를 들면, 부동산 관련 블로그에 댓글을 달면 특정 지역의 아파트 시세 정리 자료를 공유한다거나, 커리어 블로그에서는 직무 노하우를 정리한 PDF 파일을 공유하는 것이다.

처음부터 수익을 목적으로 판매를 시작하면 모객이 쉽지 않다. 나의 콘텐츠 가치를 알리는 일이 먼저다. 그러려면 무료로 혜택을 주는 전략으로 시작하는 방법이 유리하다. 우선 모객을 먼저 하고, 아낌없이 혜택을 주자. 그것이 퀄리티 높은 콘텐츠든지, 흔치 않은 정보든지 또는 누군가의 문제를 해결해 주는 방법이든지 아낌없이 베푼다는 느낌을 받게 하자. 가치가 잘 전달이 되었다면,

단순 팔로워였던 사람들도 팬으로 만들 수 있다.

3단계: 세일즈

콘텐츠로 모객에 성공했다면, 이제 수익화 단계로 넘어갈 차례다. 제품이나 서비스 판매, 컨설팅, 강의 혹은 브랜드 협업 등 다양한 형태로 이루어질 수 있다. 여기서 중요한 것은 팔로워를 어떻게 '구매자로 전환하는가'다. 먼저, 무료로 제공하는 혜택을 통해 당신을 신뢰하게 만들어야 한다. 다른 사람의 지갑을 여는 일은 결코 쉽지 않다. 특히나 글과 같은 콘텐츠로 지갑을 열게 하는 것은 더더욱 어려운 일이다. 당신의 콘텐츠와 가치를 크게 신뢰할 때 비로소 가능하다. 분명 시간이 걸리는 일이다.

앞서 말했듯 나는 취업 준비생에게 도움이 될 만한 정보를 블로그에 포스팅했었다. 자기소개서 작성 팁이나 취업 과정에서 공감할 만한 글을 주로 썼다. 그 과정에서 독자와 소통을 하다가 많은 취업 준비생이 자기소개서에 어려움을 겪고 있고, 첨삭 니즈가 있다는 점을 알게 되었다. 이후 취업 준비생을 대상으로 무료 자소서 첨삭 이벤트를 진행했다. 블로그를 이용해 무료로 첨삭해 주는 이벤트였는데, 생각보다 많은 취업 준비생이 문의를 했다. 퇴근 이후 시간을 활용해서 노트북 앞에 앉아 글을 읽고, 첨삭 피드백을 작성했다. 대가가 없다고 결코 대충하지 않았다. 내가 가진 노하우를 정해진 시간 안에 다 전하겠다는 태도로 임했다. 처음에는 글쓰기로 내가 줄 수 있는 가치를 나누기 위해 시작했지만, 유료 첨삭 문의가 여러 번 들어왔다. 아무래도 무료로 많은 양을 봐줄 수는 없었기에, 분량에 제한을 뒀었다. 그런데 무료 첨삭이 도움이 되었다며 유료로 더 많은 양의 첨삭을 받고 싶다는 문의가 있었다. 주말에 따로 시간을 내서 자소서의 여러 항목을 첨삭해 주고, 추가 문의에 피드백을 제공하고, 취업 상담을 해주기도 했다. 이처럼 무료 첨삭에 만족했던 취업 준비생이 자발적으로 유료 서비스를 요청했다.

이처럼 자신이 고객에게 줄 수 있는 가치를 찾아서, 처음에는 무료로 혜택을 제공해 보자. 대신 고객에게 아낌없이 베풀어야 한다. 무료임에도 좋은 퀄리티를 제공해서, 마치 유료 서비스를 받는 느낌을 주자. 이 과정을 지속하면, 나의 가치를 알아보는 사람이 하나둘 생긴다. 그들이 고객이 되고, 고객이 모이면 수익이 된다.

지금까지 SNS 글쓰기 수익화 3단계를 살펴봤다. 결코 쉬운 여정은 아니다. 그럼에도 앞서 말한 온라인 빌딩 프로젝트처럼 벽돌 쌓고, 페인트칠하고 건물을 쌓아올리는 마음으로 해보자. 다시 한 번 말하지만, 무자본으로 투자하기 가장 좋은 도구는 글쓰기다. 설령 투자 손익이 나지 않아도, 당신의 글과 글쓰기 실력이라는 재산은 남는다.

조회 수를 높이는 글쓰기

글쓰기 플랫폼을 정하고 글쓰기를 시작할 준비가 되었다면, 다음 전략은 조회 수를 높이는 일이다.

당신이 SNS에 글을 올린다고 가정해 보자. 처음부터 높은 조회 수를 얻기는 어렵다. 나 또한 처음 글을 올렸을 때, 조회 수가 기대에 미치지 못했다. 그저 글을 올리기만 하면 자연스럽게 조회 수가 오를 거라 착각했다. 그런데 SNS에 단순히 글을 쓰는 것만으로는 부족하다. 게시물은 독자가 있어야 가치가 생기는 법이다. 어떻게 하면 더 많은 사람이 내 글을 볼 수 있을까 고민하고, 다양한 전략을 시도해야 한다. 제목 선정, 키워드 선택, 해시태그 등을 바꾸어 가며 실험해 보아야 조금씩 조회 수가 상승한다.

인터넷에는 수많은 정보가 노출된다. 그중에 독자의 시선을 끄는 글을 써야 한다. 에디터와 독자의 선택을 받는 글의 핵심은 '공감'이다. 누구나 겪어 봤다거나 내 일처럼 느낄 수 있어야 한다. 조회 수에도 전략이 필요하다.

조회 수 높이는 5가지 전략

첫째, 눈길을 사로잡는 제목을 선정하자

제목은 글의 첫인상이다. 우리가 중요한 자리에 갈 때 단정하고 멋지게 차려입듯, 제목도 독자의 시선을 단번에 끌 수 있게 잘 꾸며야 한다. 제목은 그 글을 클릭할지 말지 결정하는 가장 중요한 요소다. 제목을 어떻게 쓰느냐에 따라 조회 수가 달라지기 때문이다. 클릭을 부르는 제목을 지어야 한다. 지나치게 평범한 제목은 시선을 끌기 어렵다. 구체성을 갖춰 제목의 매력도를 높이자. 예를 들어, 단순히 '맛집 리뷰'보다는 '아는 사람만 안다는 서울에 숨은 맛집 5곳' 같은 제목이 훨씬 더 눈길을 끈다. 평소 SNS나 포털 사이트를 보며 어떤 제목이 눈길을 끄는지 관찰해 보는 방법도 있다. 시선을 끄는 표현은 조회 수의 기본 중의 기본이다.

둘째, 검색 엔진 최적화라는 SEO Search Engine Optimization를 이해하자

SEO는 콘텐츠가 검색 결과에서 상위에 노출되도록 돕는 작업이다. 예를 들어, '제주도 맛집'을 검색했을 때는 '제주도' 그리고 '맛집'이라는 키워드가 본문에 많이 등장할수록 검색에 더 잘 걸린다. 블로그에 '제주도 맛집'이라는 주제로 포스팅한다고 할 때, 해당 키워드를 제목에만 쓰지 말고 본문 중간에 자연스럽게 반복하는 것이 좋다. 예를 들어, "A식당에서 꼭 먹어봐야 하는 음식은~"보다는 "제주도 맛집 A식당에서 꼭 먹어봐야 하는 음식은 ~"과 같은 방식으로 키워드를 본문에 삽입하자.

또한 SEO에서는 이미지 파일 이름을 설정하는 전략도 중요하다. 업로드할 이미지의 이름을 원래 파일명인 'IMG-241231'로 넣지 않는가? 이 같은 형식에서 검색 최적화를 높이려면 '제주도 맛집.jpg'와 같은 형태로 첨부 제목에도 키워드를 포함해서 본문에 삽입하면 좋다. 이러한 노력은 글을 검색했을 때 더 쉽게 노출되도록 도와준다.

중요한 키워드는 제목과 본문에 자연스럽게 녹아들어야 한다. 몇 회 이상 키워드를 쓰는지, 태그를 어떻게 설정하는지에 따라 검색 노출이 달라질 수 있다. 연관 키워드를 태그로 추가하면 더 많은 검색에 노출될 수 있다. 태그는 '제주도 맛집' 외에도 '제주도 가볼 만한 곳', '제주도 명소'. '제주 여행지 추천'과 같은 연관 키워드를 추가하자.

이러한 기본 원칙을 모르고 글을 쓰는 경우가 많다. 그런데 원리를 이해하고 글을 쓰면 광고를 쓰지 않아도 검색 노출을 높이는 효과를 볼 수 있다. 그만큼 중요한 개념이니 각 플랫폼의 SEO 규칙을 참고하자. 많은 사이트에서 SEO 가이드를 공개한다. 예를 들어, 네이버는 네이버 중심의 콘텐츠와 연결되어 있는지를 중요하게 여긴다. 네이버 블로그에 포스팅을 한다면 구글맵보다는 네이버 지도를 링크로 걸자. 또한 콘텐츠 관련 외부 링크를 연결할 때는 네이버 포스트나 지식인 등 네이버 자체 서비스의 링크를 적극 활용하면 검색 시 상위에 노출되기 유리하다.

셋째, 트렌드를 반영하자

세상은 빠르게 변한다. 오늘의 인기 키워드가 내일이면 잊힐 수도 있다. 트렌드를 잡아야 조회 수를 끌어올릴 수 있다. 사람들은 요즘 어떤 이야기에 관심을 가질까 고민해 보자. 예를 들어, 최근 사회적 이슈를 다루는 글은 그 시점에 더 많은 조회 수를 얻을 수 있다.

트렌드 분석에 유용한 도구가 있다. '구글 트렌드'를 이용하면 현재 검색량이 많은 키워드를 실시간으로 확인할 수 있다. '네이버 데이터랩'도 비슷한 역할을 하는 유용한 도구다. 네이버에서 어떤 키워드가 인기 있는지 분석하며 트렌디한 주제 선택에 힌트를 얻을 수 있다. 계절이나 시기적 요소도 중요하다. 여름 휴가철에는 바다 여행지 추천이 시기적절하다. 12월에는 크리스마스에 먹는 빵인 '슈톨렌 맛집' 포스팅을 해보는 게 어떨까. 이처럼 글을 쓰기 전에 트렌드에 대한 감각을 기르고, 시의적절한 주제를 선택하자.

넷째, 시각 자료를 활용하자

이미지는 글보다 빠르게 사람의 시선을 끈다. 블로그에서는 대표 이미지를 적절하게 설정하자. 글 중간에도 이미지를 삽입해 독자의 흥미를 잃지 않게 하고, 이해도를 높이는 데 효과적이다. 예를 들어, 맛집 리뷰를 한다면 해당 맛집의 시그니처 메뉴를 맛있게 찍은 음식 사진이 클릭을 유도할 것이다. 유튜브에서 섬네일의 중요성은 말할 것도 없다. 대표 이미지나 섬네일은 제목과 함께 독자가 콘텐츠를 클릭하도록 유도하는 중요한 요소다.

다섯째, 데이터 통계와 독자의 반응을 활용하자

많은 플랫폼에서 통계 데이터를 볼 수 있다. 이 데이터를 분석하고 피드백을 반영해 보자. 예를 들어, 블로그에는 특정 글의 조회 수나 방문자가 내 글에 어떤 경로로 유입됐는지 파악할 수 있는 분석 기능이 있다. 그 데이터를 참고해서 새로운 전략을 짤 수 있다. 만약 특정 시간대에 방문자가 많다면 그 시간에 글을 올리는 방법도 좋은 전략이다.

또한 특정 주제의 조회 수가 유난히 높다면, 그 주제에 집중해서 많은 글을 써보자. 이렇게 데이터를 분석해 독자의 반응을 파악하고, 맞춤형 콘텐츠를 제공하면 조회 수가 자연스럽게 상승한다. 마지막으로, 독자와 꾸준히 소통하며 반응을 살피자. SNS 글쓰기는 글을 올리고 끝나는 것이 아니라, 독자의 반응을 확인하고 피드백을 반영하여, 더 나은 콘텐츠로 발전시키는 과정이다.

그럼에도 잊지 말아야 할 본질

이처럼 조회 수를 높이기 위한 다양한 전략을 시도하면서도, 잊지 말아야 할 사실이 있다. '글의 퀄리티가 가장 중요하다'는 당연한 진리다. 자칫 조회 수에 너무 집착하다 보면 이 사실을 잊어버릴 수도 있다. 아무래도 자극적인 글이 조회 수가 나오기 쉬우니, 자극적인 주제나 표현만 쓰게 될 수도 있다. 물론 때로는 자극적인 제목이나 주제도 필요하다.

그러나 자극적인 주제에만 매달리면 일시적인 성공은 얻을 수 있지만, 결국 독자의 신뢰를 잃을 수 있다. 목마르다고 무작정 소금물을 마시는 것과 마찬가지다. 일시적인 성공에 매달리지 말고, 장기적으로 신뢰를 쌓는 글을 쓰자.

조회 수는 단기적인 성공 지표일 수 있지만, 장기적으로 독자와 관계를 유지하고 싶다면 진정성을 잃지 않는 것이 더 중요하다. 오히려 꾸준히 진정성 있게 글을 쓰다 보면, 조회 수뿐만 아니라 지속적으로 내 글에 관심을 가져주는 독자층을 확보할 수 있다.

또한, 조회 수가 바로 눈에 띄게 결과로 나타나지 않는다고 해서 실망할 필요는 없다. 꾸준히 글을 올리면서 성장해 나가자. 글쓰기도 마라톤과 같아서, 꾸준히 달리다 보면 어느 순간 목표 지점에 도달해 있다. 그렇게 글의 퀄리티를 높이면 조회 수는 자연스럽게 따라오기 마련이다. 시간이 걸릴 뿐이다. 본질은 글의 퀄리티다. 조회 수가 나오지 않는다고 초조해 하거나 포기하지 말자. 꾸준한 글쓰기에 조회 수는 덤으로 얻을 수 있는 결과물이라고 생각하면 마음이 한결 편해진다.

글쓰기 루틴 만들기

1. 아침을 여는 모닝 페이지

기상 후 가장 먼저 하는 일을 떠올려 보자. 스마트폰으로 지난밤에 온 연락을 확인하거나, TV를 틀어놓거나, 기지개로 하루를 시작할 수도 있다. 사람들이 꿈꾸는 이상적인 아침 모습은 어떨까. 누구나 생산적이고 의미 있는 일로 하루를 시작하려 한다.

자, 이제 현실을 말해보자. 한동안 나의 아침은 이랬다. 눈을 뜨면 불안과 걱정으로 아침을 시작한다. 출근하기 전부터 오늘 회사에서 해야 할 일이 떠오른다. 여기서 그치면 다행이다. 어제 상사에게 혼났던 생각, 오지도 않은 미래의 걱정까지. 이처럼 직장인은 평일 아침이 반갑지 않다.

이는 과학적으로도 설명할 수 있다. 기상 직후에는 코르티솔이라는 호르몬이 분비되는데, 이는 짜증, 긴장, 고통과 같이 스트레스에 맞서 분비된다. 일어나서 느끼는 기분 좋지 않은 감정은 자연스러운 일일지도 모른다. 그런데 이렇게 하루를 시작하면 출근길이 지옥이다. 사무실에 도착해서도 생각이 정리되지 않은 채 일을 하게 된다. 이런 나날이 길어지면 피로감을 느끼기 쉽다. 걱정이 많아도 뇌는 피로해지기 때문이다. 그리고 만성 피로로 굳어진다.

이처럼 아침에 걱정과 피로로 인한 무기력을 종종 느낀다면, 기상 후 30분을 바꾸면 된다. 이 시간이 하루를 좌우하기 때문이다. 이제부터, 기상 후 30분은 모닝 페이지로 하루를 시작해 보자. 모닝 페이지는 일어나자마자 자신의 생각을 풀어놓는 글이다. 다르게 말하면 '아침 일기'라고 표현할 수 있다.

출근 준비하기도 바쁜 시간에 글을 쓰라니, 와닿지 않을 수 있다. 분명 쉽지 않은 일이다. 그렇다면 귀한 아침 시간에, 그것도 일어나자마자 글을 왜 써야 할까? 기상 직후 시간은 다소 특별한 시간이기 때문이다.

일반적으로, 기상 후 45분 정도가 지나면 자기 방어기제가 작동한다. 이 말은 곧 기상 후 45분 전까지는 자기 방어기제가 작동하지 않는다는 뜻이다. 자기 방어기제가 작동하는 시간과 그렇지 않은 시간은 어떤 차이가 있을까?

먼저, 방어기제에 대한 개념부터 살펴보자. 방어기제는 '자아가 두렵거나 불쾌한 상황에서 무의식적으로 자신을 속이거나 상황을 다르게 해석하여, 감정적 상처로부터 자신을 보호하는 심리학적 메커니즘'이다.

이 방어기제는 불안을 처리하기 위해 현실을 왜곡시킴으로써 고통스러운 상황에 적응하도록 도와준다. 동시에, 불안한 현실을 왜곡하고 부인하면서 비합리적인 방법으로 처리한다는 단점도 있다. 만약 계속해서 현실을 왜곡하면서 방어기제에 의존한다면 강한 자아로 발전하지 못할 수 있다. 자신의 솔직한 마음을 제대로 바라보지 못하게 하기 때문이다.

따라서 방어기제가 작동하지 않는 시간을 제대로 활용해야 한다. 솔직한 자신의 마음을 들여다볼 수 있는 몇 안 되는 특별한 시간이기 때문이다. 특히 아침에 눈을 뜨면 걱정이나 불안을 느끼는 사람에게 추천한다.

모닝 페이지 쓰는 방법

먼저, 눈을 뜨면 평소 아침 루틴대로 잠을 깨운다. 나의 경우, 이불 정리, 물 한 잔으로 수분 섭취를 한다. 그다음 글을 쓰기 시작한다. 종이에 펜으로 직접 적으면 좋지만, 노트북이나 스마트폰 메모를 해도 좋다. 자신에게 편한 방식으로 쓰자. 짧게는 15분에서 길게는 30분 정도의 시간 동안 의식의 흐름대로 글을 쓰면 된다. 모닝 페이지를 쓰면서 가장 솔직한 자신의 마음을 들여다보자. 특별히 정해진 형식은 없다. 떠오르는 대로 적으면 된다. 마음 속 걱정과 불안, 잡념을 있는 그대로 꺼내본다. 마치 친한 친구에게 푸념하듯이 글로 풀어놓는다. 모닝 페이지는 평소 자신이 어떤 생각을 가장 많이 하는지 알 수 있게 도와준다. 평소 고민이 있다면, 그 이야기를 써보자. 고민이 없다고 해도, 눈 뜨자마자 떠오르는 생각은 있다. 그 생각이야말로 내 머릿속을 가장 크게 차지하는 중요한 생각이다.

눈 뜨자마자 떠오른 사람이 있다면 그에 대한 글을 써보자. 요즘 즐거운 일이 있다면 그 일이 나를 얼마나 행복하게 하는지를 쓸 수도 있다. 어제의 실수가 떠오른다면 그 이야기를 쓰자. 그저 생각나는 대로 쭈욱 써내려간다. 굳이 잘 쓰려고 애쓰지 않아도 된다. 논리적이지 않아도, 횡설수설해도 괜찮다. 솔직한 자신의 마음을 들여다보는 게 목적이다.

이렇게 생각을 늘어놓다 보면 평소 마음 깊은 곳에 어떤 생각이 있었는지 알게 된다. 만약 마음에 걱정이 있었다면 어떤 걱정인지, 왜 하는지, 어떻게 해결하면 좋을지 써보자. 모닝 페이지를 지속하다 보면 신기한 경험을 할 수 있다.

먼저, 고민을 누군가에게 털어놓은 듯한 효과를 얻을 수 있다. 고민을 털어놓는 그 자체만으로도 해소되는 경험, 말하면서 마음이 편해지는 경험 등 그와 유사한 경험을 하게 된다. 글도 말처럼 힘이 있다. 쓰는 것만으로도 걱정의 무게를 덜 수 있다.

또한, 글을 쓰면서 해결책을 찾게 된다. 기상 직후 글을 쓰면 최근 자신이 어떤 생각을 많이 하는지 깨닫는다. 보면 어느새 스스로 해결 방법을 찾는 경우가 많다. 예를 들어, 자고 일어나서 가장 먼저 든 생각이 '오늘따라 출근하기 싫다'였다고 하자. 이유를 생각해 본다. '당연히 출근하기 싫은 거 아닌가?'라는 생각을 잠시 거두고, 더 자세히 써보자. 만약 출근하기 싫은 이유가 '팀장님께 혼날까 봐 출근하기 싫다'로 이어진다면? 한 단계 더 들어가 보면 '최근 중요한 프로젝트에서 실수를 했다'는 구체적인 이유를 알 수 있다. 이는 곧 문제의 원인이다. 이제부터는 여러 가지 방법으로 해결책을 풀어나갈 수 있다.

다음 단계로 가자. '실수를 해서 출근하기 싫다'에서 끝내지 말고, 문제 해결에 집중해 보자. 어떻게 그 문제를 효율적으로 풀 수 있을지 써보자. 프로젝트에서 가장 중요한 게 무엇인지, 바로 진행할 수 있는 실행 방안은 무엇인지, 그 행동은 누가 어떻게 하는 것이 좋을지, 쓰다 보면 전날에는 생각하지 못했던 효율적인 해결 방법을 찾기도 한다.

근원적인 질문을 던져서 해결하는 방법도 있다. 가령, '이게 과연 그렇게 큰일인가?'라고 반문해 보면 어떨까. 누구나 때로는 실수하기 마련이다. 그게 동료가 될 수도 있고, 내가 될 수도 있다. 프로젝트는 어떻게든 수습하면 되고, 돌아보면 나는 동료의 실수를 하나하나 기억하고 있지 않다. 어쩌면 이 에피소드는 내게 유난히 더 커보이는 걸지도 모른다는 생각에 다다른다. 이렇게 꼬리를 물듯 적다 보면 나를 힘들게 했던 큰 걱정은 반도 안 되게 작아져 있다.

모닝 페이지는 이처럼 불안과 걱정으로 시작해 해결책을 찾는 과정이다. 머릿속 걱정을 덜어내고 시간이 남는다면, 오늘 계획을 미리 정리해도 좋다. 해야 할 일을 적어보거나 긍정적인 다짐으로 마무리하면 더없이 효과적이다. 이 과정을 거쳐 머릿속 잡념을 정리하고, 깨끗해진 상태로 중요한 정보를 채워 넣을 수 있다.

작가 줄리아 카메론은 "아침 일기는 정신의 와이퍼다. 혼란한 생각들(모호한 걱정, 초조함, 집착 등)을 적어놓기만 해도, 정신을 와이퍼로 닦은 것처럼 좀 더 맑은 하루를 마주할 수 있다"고 했다. 《타이탄의 도구들》의 저자 팀 페리스 또한 "망할 놈의 하루를 잘 보낼 수 있도록 원숭이처럼 날뛰는 우리의 정신을 종이 위에 붙들어놓기 위해" 아침 일기를 쓴다고 표현했다.

이를 습관으로 만들어서 지속하다 보면, 이후에는 걱정이 점점 줄어든다. 머릿속 잡념을 매일 청소하기 때문이다. 아침에 더 이상 잡념이 떠오르지 않는다면, 다른 주제로 글을 쓰는 것도 좋다. 가령, 감사 일기를 적어본다거나 최근 진행하고 있는 업무, 혹은 관심 있는 주제를 써도 좋다.

이렇게 기상 후 30분 동안 떠오르는 대로 글을 써보자. 아침에 일어나서 글쓰기가 괴롭다고 느껴지는가? 딱 하루만 해보자. 한결 가벼워진 머리와 마음으로 하루를 시작할 수 있다. 그날의 생산성이 달라진다. 특히 평소 걱정이 많은 사람에게 더욱 모닝 페이지를 추천한다. 나만의 고민 상담소를 찾게 될 것이다. 참고로 이 상담소는 연중무휴 그리고 무료다.

2. 아침 글쓰기 루틴 세팅하기

'아침 일찍 일어나면 좋다'는 사실은 이미 많은 사람이 알고 있다. 문제는 실천이 쉽지 않다는 것이다. 일찍 일어나 모닝 페이지를 쓰고 싶지만 아침만 되면 피곤함이 몸을 지배한다. 만약 당신이 아침에 글을 쓰기로 마음먹었다면, 환경을 세팅해 보자. 루틴을 지속하게 하는 것은 환경이다. 시작은 의지로 하더라도 그 행동을 습관으로 지속하려면 환경으로 시스템을 구축해야 한다.

앞서 살펴본 모닝 페이지를 예시로 들어보자. 이를 실천하기 위해서 가장 중요한 것은 아침에 눈 뜨자마자 '바로 쓸 수 있는 환경'을 만드는 일이다. 아침에 눈을 떠서 가장 먼저 볼 수 있는 자리에 노트와 펜을 올려두자. 예컨대 전날 잠들기 전 책상 위에 노트와 펜 말고는 올려두지 않는 것이다.

알람명을 '모닝 페이지' 혹은 '오늘 할 일 3가지 적기'와 같이 구체적으로 설정해 두는 방법도 일종의 리마인더 역할을 한다.

만약 목표가 더 본격적으로 시간을 내서 하는 아침 글쓰기라면, 장소를 세팅하는 방법이 있다. 우리는 아침 출근 시간이 되면 누가 시키지 않아도 자동적으로 회사로 향한다. '왜 출근하는지, 회사에 어떻게 가야 하는지' 의문을 가지지 않는다. 머릿속에 이미 입력이 되어 있기 때문이다. 이 원리를 활용해서, 방해받지 않고 몰입할 수 있는 나만의 장소를 만들 수 있다. 아침에 글을 쓰고 싶은데 잘 안 된다면? 30분 정도만 일찍 집을 나서보자. 그다음 출근 전 정해둔 장소에 먼저 들른다. 되도록 출근길 경로에 있는 곳이 가기 쉽다. 그곳이 도서관처럼 조용하고 책도 있는 곳이면 더할 나위 없다. 혹은 스타벅스처럼 아침 이른 시간에 오픈하는 카페도 기분 전환하기 좋다. 매일 출근길에 카페에 들러 커피를 사 왔다면, 그 카페에 30분만 일찍 가서 글을 쓰는 시간을 가질 수도 있다. 커피나 좋아하는 음료를 주문하고 글을 쓰거나 책을 읽어보자. 이 루틴이 습관으로 자리 잡히면 출근길이 여유롭게 느껴진다. 급한 아침이 아닌 여유로운 아침에 만족감을 느끼면 그 시간이 좋아지기 시작한다. 온전히 나만의 시간이기 때문이다.

만약 출근 전에 갈 만한 마땅한 장소가 없다면, 출근길 시간을 활용할 수도 있다. 지하철이나 버스에서 태블릿이나 스마트폰으로 글을 쓰는 방법도 유용한 대안이 될 수 있다. 방법은 다양하다. 중요한 건 아침 글쓰기 루틴은 자신에게 맞는 장소와 환경을 세팅하는 것이 가장 중요하다. 아침 글쓰기 루틴을 만들고 싶다면, 어떤 시간과 장소를 활용할 수 있을지 생각해 보자.

3. 아침 글쓰기 루틴 후 생긴 변화

가장 좋았던 점은 출근길이 덜 괴로웠다는 사실이다. 출근을 좋아하는 직장인은 거의 없다. 나 또한 출근을 좋아하지 않는다. 눈 뜨고 부랴부랴 준비해서 바로 사무실에 가거나, 마음도 머리도 뿌연 상태로 사무실에 앉아서 일을 시작한다.

하지만 아침에 내 시간을 갖고 나면, 한결 가벼워진 마음으로 출근을 할 수 있다. 집을 나설 때도 먼저 카페나 나만의 공간으로 향하니 기분을 전환할 수 있다. 카페에서 흐르는 재즈 음악, 고소한 커피 향은 언제나 그대로다. 그 환경이 주는 편안함이 사람의 마음을 안정시켜 준다. 또한, 대부분 카페나 도서관과 같은 공간에서는 주로 자연광이 많이 들어온다. 자연광은 뇌의 세로토닌 분비를 촉진해 기분 전환을 해주고, 집중력, 작업 효율을 높이는 효과가 있다는 연구 결과도 있다. 특히 아침 시간대에 자연광을 쬐면 뇌는 각성 상태로 전환되어 더 효과적으로 작업을 처리할 수 있다.

그다음으로, 하루를 성취감으로 시작할 수 있다. 작은 성취일지라도, 성취감이 주는 에너지는 크다. 생각해 보자. 눈 뜨자마자 출근하기만 바빴던 내 삶은 무언가에 이끌려 다닌다는 느낌을 지울 수 없다. 반면, 나의 의지로 일찍 일어나서 내 시간을 가진 후 하루를 시작하면 어떨까. '내가 하루를 주도하는 기분'을 느끼게 해준다. 어쩔 수 없이 하는 일과 스스로 계획해서 주도적으로 하는 일은 큰 차이가 있다. 일정에 끌려다니는 기분이 아니라 주도적으로 삶을 설계해 가는 기분을 느낄 수 있다. 이 작은 성취감이 계속해서 쌓이면 자신감이 된다. 그 자신감이 쌓이면 결국 단단한 자존감을 만든다.

마지막으로, 아침이 주는 여유와 에너지를 얻을 수 있다. 이른 아침에 나오면 그 시간만의 여유가 있다. 일반적으로 출퇴근 시간은 붐비고 시끄럽다. 버스, 지하철, 도로 위의 자동차 모두가 앞다퉈 가려고 한다. 그렇지만 조금만 서둘러 일찍 나오면 몸과 마음이 모두 여유롭다. 특히 카페를 가보면 체감할 수 있다. 오픈 시간의 카페는 대부분 자리가 널널하다. 테이크아웃을 하는 손님들은 종종 있지만 앉아서 이야기를 나누는 사람은 거의 없다. 자리 경쟁을 할 필요도, 소음에 방해받을 일도 없다. 온전히 집중할 수 있는 최적의 환경이다. 무엇보다 내가 부지런한 사람이 된 것 같은 느낌을 받는다. (실제로 직장인이 출근 전 무언가를 한다는 건 상당히 부지런한 일이기도 하다.)

이 에너지가 주는 힘은 어마어마하다. 경험으로 미루어보건대,

아침이 주는 에너지는 스스로를 더 기특하게 여기게 도와준다.

이처럼 하루의 아침 30분은 다른 시간보다 힘이 크다. 30분이 쌓이면, 하루, 한 달, 일 년에 얼마나 많은 시간이 절약될 수 있는지 생각해 보자. 1년에 30분씩 쌓이면 약 182시간, 즉 일주일 이상을 더 살 수 있는 셈이다. 그 시간이 쌓여 미뤄왔던 중요한 일을 완성해 준다. 그렇게 해서 평범한 나도 글을 읽고 쓰며, 독자에서 저자가 될 수 있었다.

4. 하루 10분으로 글 쓰는 뇌 만들기

앞서 아침 글쓰기 루틴의 이점을 살펴봤다. 그런데 일부 독자의 목소리가 들린다. "일찍 일어나는 게 쉬운 줄 아나요? 나는 아침형 인간이 아닙니다. 아침에 눈 뜨기가 너무 힘들어요."

"이봐요, 나는 출근하려고 새벽 6시에 나갑니다. 대체 몇 시에 일어나라는 거죠?"

충분히 이해한다. 누구나 아침에 일찍 일어나서 무언가를 하기는 쉽지 않다. 개인차도 있기 마련이다. 실제로 누군가에게는 아침에 일찍 일어나는 게 유난히 어려운 일이다. 게다가 글을 써야 하는 건 더더욱 쉽지 않다.

낮에 글이 잘 써지는 사람도 있고, 밤에 글이 잘 써지는 사람도 있다. 아침형 인간이 아니라면, 자신에게 맞는 최적의 시간대를 찾자. 가장 먼저 할 일은 자신에게 맞는 환경을 찾고, 글 쓰는 습관을 만드는 일이다. 글쓰기가 습관이 되면 뇌가 글을 쓰기 쉽게 변한다. 하루 10분, 15분처럼 짧은 루틴으로도 글 쓰는 뇌를 만들 수 있다. 그 방법을 하나씩 살펴보자.

첫째, 가장 글이 잘 써지는 시간 찾기

아침 시간을 추천하지만, 꼭 그 시간이 아니어도 괜찮다. 대신 일정한 시간에 글을 써야 루틴으로 만들 수 있다. 집중이 잘되는 시간대, 방해가 없는 시간대를 찾아보자. 실험하듯 여러 시간대에 글을 써보자. 오늘은 낮 12시, 내일은 오후 6시, 모레는 밤 11시. 다양한 시간에 시도해 보면, 자신에게 맞는 최적의 시간대를 찾을 수 있다. 각 시간대에 얼마나 집중이 되는지 점수를 매겨보자. 만약 아침 7시가 가장 집중이 잘되는 시간, 오후 11시가 그다음으로 집중이 잘되는 시간이라고 하자. 그럼 아침 7시를 글 쓰는 시간으로 정한다. 그 시간이 안 되는 날은 그다음 시간대인 오후 11시를 비워놓자. 가장 집중이 안 되는 시간에는 차라리 휴식을 취하자. 컨디션이 안 좋을 때 1시간 글을 쓰는 것보다 최적의 시간대에 30분 글을 쓰는 게 낫다.

중요한 것은 이 시간에 글쓰기를 반복하는 것이다. 뇌는 규칙적인 패턴을 좋아하고, 반복함으로써 효율성을 높이기 때문이다. 우리 뇌를 변화시키는 가장 효과 있는 방법 중 하나가 반복이다. 뇌는 반복되는 작업을 중요하다고 인식하기 때문이다. 지속해서 반복하게 되면, 단기 기억에서 장기 기억으로 넘어간다. 이 단계로 넘어가면 뇌가 그 작업을 하는 데 훨씬 적은 에너지를 쓸 수 있다. 운전도 처음에는 많은 에너지를 쓰지만, 숙련된 이후에는 자동적으로 하는 것과 같은 원리다. 루틴이 되고 나면, 그 작업을 수행하는 데 많은 에너지를 필요로 하지 않는다. 이처럼 새로운 작업을 할 때는 고도의 집중력이 필요하지만, 반복하다 보면 쉬워진다. 처음에는 많은 에너지를 쓰다가도 점점 적은 에너지로 같은 분량의 글을 쓸 수 있다.

둘째, 몰입하는 환경 만들기

온전히 글쓰기에 몰입할 수 있는 환경을 만들어야 한다. 글을 쓰는 시간에는 방해 요소를 최소화하자. 무엇에게도 방해받지 않는 환경이어야 한다. 휴대폰 방해 금지 모드를 활용하거나, PC로 글을 쓸 때 메신저나 알림을 차단해 보자. 물리적인 공간도 중요하다. 글쓰기 전용 공간을 따로 만들자. 그곳에서는 오로지 글쓰기에만 집중할 수 있도록 해야 한다. 바로 글을 쓸 수 있는 종이, 펜, 노트북 등을 구비해 놓는다. 집중이 잘되는 조명을 켜두는 방법도 있다. 구체적으로 특정 장소를 지정해 두면 더 좋다. 예를 들어, '집에서는 내 방 책상 위, 카페는 집 앞 카페의 창가 자리, 도서

관에서는 맨 안쪽 노트북 자리'와 같이 정해두면 효과적이다. 일단 장소를 세팅해 놓으면, 뇌는 이 공간과 글쓰기를 연결하게 된다. 이로 인해 그 장소에 앉으면 자동으로 글을 써야 한다는 생각을 한다. 이후 그 공간이 너무 익숙해져서 오히려 집중력이 떨어진다면 새로운 공간을 찾으면 된다.

셋째, 작은 목표로 시작하기

긴 시간을 내기 어렵다면, 하루 10분도 좋다. 장편 글쓰기는 실천하기 어렵지만, 하루 10분 글쓰기는 어렵지 않다. 처음부터 큰 목표를 세우기보다는 작은 목표부터 시작하는 방법이 성공 확률을 높인다. 다만, 모든 습관이 그러하듯 처음에는 익숙하지 않다. 루틴으로 만들기까지는 어려움이 있다. 작심삼일에서 그칠 수도 있다. 그러므로 더욱 쉬운 목표로 시작해 보자. 꾸준히 하다 보면 나중에는 적은 에너지로도 글을 쓸 수 있게 된다.

이는 신경가소성 덕분이다. 신경가소성은 뇌가 새로운 자극에 적응하는 능력을 말한다. 반복된 행동이 뇌에 새로운 신경 경로를 만들고, 점차 효율적으로 그 일을 처리할 수 있게 만들어준다. 마치 뇌에 새로운 길을 닦는 것과 비슷하다. 머릿속에 비포장도로였던 공간에 장애물을 하나씩 치우고 아스팔트 길을 까는 과정과 같다.

글쓰기 루틴을 형성하는 방법도 마찬가지다. 하루 10분이라도 꾸준히 글을 쓰면, 뇌는 이 작업을 중요하게 인식한다. 하버드대학교 연구에 따르면, 매일 짧은 시간의 반복 작업이 신경 경로를 강화시켜준다. 반복을 통해 점점 적은 에너지로도 글쓰기가 가능해지고, 자동화된 패턴이 형성된다. 따라서 처음에는 힘들게 느껴질지라도 꾸준히 10분씩 글을 쓰면, 나중에는 저전력 모드로도 글을 쓸 수 있는 자신을 발견할 수 있다.

넷째, 리워드 시스템

글쓰기를 즐거운 루틴으로 만들기 위해서 리워드(보상) 시스템을 활용해 보자. 예를 들어, 10분 동안 글을 쓴 후 자신이 좋아하는 간식을 먹는 리워드를 주자. 뇌는 간식으로 인해 글쓰기를 긍정적인 경험으로 인식하기 시작한다. 이러한 리워드 시스템은 도파민 분비를 자극해 글쓰기를 더욱 즐겁게 만들고, 신경 경로가 더 빨리 형성될 수 있도록 돕는다. 카페에서 글을 쓴다면 가장 좋아하는 분위기의 카페에서 즐겨 마시는 음료를 마시며 글을 쓰는 방법도 효과적이다.

그럼에도 글쓰기가 지루하게 느껴질 때는, 흥미로운 주제를 선택해 보자. 자신이 좋아하는 연예인이나 취미를 다룬 글을 쓰면 그 자체가 즐거운 경험이 될 수 있다. 이처럼 가볍고 흥미로운 주제로 시작해 글쓰기를 더 즐거운 활동으로 바꿔보자. 글을 쓰는 경험을 즐거운 일로 만들면 뇌는 이 활동을 긍정적으로 인식하며 습관으로 굳히기 쉽다.

주제가 떠오르지 않는 날에는 좋아하는 사람에게 편지를 써도 좋다. 가족이나 친구, 좋아하는 배우나 최애 아이돌이어도 괜찮다. 뭐든 당신의 글쓰기를 즐겁게 만들어준다면 말이다.

이렇게 루틴을 만들면 점점 글 쓰는 뇌로 바뀐다. 이전보다 더 쉽게 몰입 상태에 도달할 수 있다. 게다가 집중력이 높아지는 효과도 있다. 동시에 기억력과 창의성이 좋아진다.

글을 꾸준히 쓰면 짧고 단순한 글쓰기에서 점차 더 길고 복잡한 글을 쓸 수 있다. 하루 10분 글쓰기로 5문장을 쓰다가 나중에는 같은 시간에 10문장을 쓸 수 있게 된다. 집중력이 좋아지면 더 긴 시간 글을 쓸 수 있다. 결과적으로 자기표현 능력과 커뮤니케이션 능력도 향상된다.

이러한 능력은 직장 생활에서도 중요한 역량이다. 몰입하고, 생각을 명확하게 표현하고, 효율적으로 커뮤니케이션할 수 있으면 업무 성과도 자연스레 따라온다. 즉, 글쓰기 루틴은 장기적으로 직장에서도 일을 더 잘하게 만들어준다.

5. 차별화를 만드는 주말 글쓰기

"몰입하는 능력은 21세기의 초능력이다."

- 에릭 바커

현대인의 몰입 시간이 점점 짧아져 가고 있다. 이메일, 메신저, 소셜미디어, 유튜브 등 우리의 집중을 방해하는 요소가 너무 많다. 영화 두 시간을 앉아서 보는 일조차 길게 느껴지고, 긴 영상보다는 1분 미만의 짧은 쇼트 폼 콘텐츠가 대세가 된 시대다. 집중할 수 있는 시간은 점점 짧아지니, 몰입하는 능력을 '초능력'이라 비유하는 표현도 납득이 간다. 반대로 말하면, 긴 시간 몰입할 수 있는 사람은 초능력자처럼 남과 차별화된 무기를 갖춘 셈이다. 그렇기에 몰입할 수 있는 시간을 확보해야 한다. 특히 직장인은 주말을 활용해야 한다.

직장인에게 주말은 본격적으로 몰입해서 글을 쓸 수 있는 시간이다. 평일에도 글을 쓸 수 있지만 주말만큼 긴 시간을 확보하기는 어렵다. 평일 글쓰기가 준비 운동이라면, 주말 글쓰기는 집중 훈련과 같다. 물론 주말에 가족이나 친구와 시간을 보내는 것도 중요하다. 하지만 주말은 48시간이다. 충분히 잠을 자고, 주변 사람들과 시간을 보내면서도 3시간을 확보할 수 있다. 주말은 평일에 하지 못했던 무언가를 몰입해서 할 수 있는 좋은 시간이다. 단

3시간 만이라도 자신만을 위해, 혼자 집중할 수 있는 시간을 확보해 보자.

뇌 구조상 하루에 집중할 수 있는 시간은 일반적으로 1시간에서 길어야 4시간이라고 알려져 있다. 그러나 그 시간 동안에도 온전히 몰입하는 일은 쉽지 않다. '지금부터 집중 시작!' 하고 바로 몰입할 수 있으면 좋겠지만, 앉으면 책상 위의 먼지가 눈에 들어오거나 음악을 듣다가 다른 생각에 빠져드는 일이 생기기도 한다. 게다가 집중하기까지 워밍업 시간도 필요하다. 그러므로 충분한 시간을 확보해야 몰입할 수 있는 여유가 생긴다.

만약 자신만의 최적의 시간 관리 방법이 있다면 그에 맞춰 조정하면 된다. 예를 들어, 토요일에 1시간밖에 글을 쓰지 못했다면, 나머지 시간은 일요일에 채우면 된다. 단, 최소 2시간은 투입해 보자. 짧은 시간 내에는 몰입하기도 원하는 결과물을 얻기도 어렵다. 일주일에 한 번이라도 몇 시간은 몰입해서 글을 써보자. 매일 짧은 시간 동안 쓴 글과는 확연히 다를 것이다.

'그런데 주말에도 굳이 글쓰기를 해야 할까?' 주말에는 온전히 쉬어야 하지 않겠냐며 누군가는 이렇게 물을 수도 있다. 판단은 각자의 몫이지만, 주말 글쓰기는 몇 시간만 투자해도 그 이상의 성과를 낼 수 있다. 그렇기에 강력히 주말 글쓰기를 추천한다.

긴 시간 몰입해서 쓴 글은 더 좋은 결과를 낼 수 있다. 평일에는 조각 글을 쓰는 데 그쳤다면, 주말에는 긴 글을 쓸 수 있다. 글의 구조를 잡고 큰 흐름을 보는 과정은 글쓰기 능력을 향상시키고, 결과적으로 양질의 글을 만들어낸다.

또한 주말 시간을 생산적으로 보낸 덕에 스트레스 감소 효과가 있다. 이 부분은 다소 의아해 할 수 있다. 주말에 글쓰기를 하면 오히려 스트레스를 받을 거라 생각하기 쉽다.

앞에서 '중요한 일 vs 급한 일'에서도 살펴봤듯이, 사람은 해야 하는 일을 미루면서 스트레스를 받는다. 당신이 이 책을 읽고 있다는 것은 글쓰기를 '해야 할 일' 혹은 '잘하고 싶은 일'로 생각한다는 뜻이다. 그러면 당신의 머릿속에는 '글쓰기'라는 하나의 과제가 자리 잡았다. 그런데 정작 글쓰기는 하지 않고 다른 일에 시간을 보내면서 '언젠가는 해야 한다'는 생각만 한다면, 자신도 모르는 사이에 스트레스를 받는다.

이 스트레스는 어떻게 하면 없앨 수 있을까? 답은 간단하다. 글을 쓰면 해결된다. 물론 충분한 휴식도 중요하다. 다만 중요한 건 '어떻게 쉬느냐'다. 많은 사람이 쉴 때 TV나 스마트폰으로 콘텐츠를 보며 시간을 보낸다. 사실 이 과정은 겉으로 보면 휴식처럼 보이지만, 실제로는 온전한 휴식이 아니다. 놀랍게도 오히려 뇌가 스트레스 받는 일이기도 하다. 스마트폰을 확인하고 정보를 받아들이는 과정 자체가 인지적 자원을 소모하기 때문이다. 게다가 지나친 스마트폰 사용은 수면을 방해하고, 기억력과 주의력을 약화시키며 자존감에도 좋지 않은 영향을 미친다. 〈뉴욕타임스〉 자료에 따르면, 스마트폰을 자주 보면 스트레스 호르몬인 코르티솔의 분비가 증가한다. 코르티솔이 분비되면 혈압과 맥박, 혈당이 상승한다. 적당한 코르티솔은 건강에 영향을 미치지 않지만, 하루에 4시간 넘게 스마트폰을 들여다보는 현대인에게는 다르다. 긴 스마트폰 사용으로 자신도 모르게 스트레스를 받게 되고, 장기간 지속되면 수명까지 줄어들 수 있다.

사실 스마트폰을 자주 들여다보는 행동은 불쾌한 감정을 상쇄하기 위한 일종의 스트레스 반응이다. 이 행동을 하면서 오히려 코르티솔 분비가 증가하고, 증가한 스트레스를 없애려고 스마트폰을 더 자주 보게 되는 악순환이 이어진다. 스마트폰 알림을 끄고, 하고자 마음먹은 일에 몰입하는 편이 더 효과적인 스트레스 해소법이 될 수 있다.

목표 달성을 위해 노력하는 과정에서 성취감을 맛볼 수 있다. 이 작은 성취감이 모여 자존감과 삶의 활력을 만들어준다. 몰입하는 동안 잡념이 떠오르지 않으며, 목표를 달성하는 즐거움은 자연스레 따라온다. 게다가 주말을 뜻깊게 보내면 월요일이 그렇게까지 괴롭지 않다. 성취감이 삶에 활력을 불어넣고, 그 에너지가 월요일까지 이어지기 때문이다. 활력도 관성이다. 주말을 한 주의 시작이라고 생각하고 그 에너지로 월요일을, 그리고 남은 평일을 보낼 수 있다.

이처럼 주말에 단 몇 시간만 투자해도 얻을 수 있는 이점은 엄청나다. 회사 일에서 벗어나 글쓰기에 몰입하는 경험, 목표에 한 발 더 가까워졌다는 성취감, 할 일을 미루면서 생기는 스트레스를 없애며 글쓰기 능력까지 향상된다. 주말에 단 몇 시간을 투자해서 이처럼 큰 수익을 노려볼 수 있다면, 해볼 만하지 않은가?

누구나 주말에는 TV나 스마트폰 앞에서 쉬고 싶어 한다. 하지만 남과 다른 삶을 살고 싶다면 무언가 달라져야 한다. 남이 하지 않는 노력을 해야만 남다른 결과를 얻을 수 있다. 그 차이를 만들어낼 수 있는 가장 좋은 시간은 주말이다. 의미 없이 보내던 시간을 조금씩 모아 3시간을 만들면 된다. 그저 시간을 내고 글을 써보자. 그 시간이 쌓여 한 달이 되고, 1년이 지나고, 10년이 지나면 어떻게 될까? 당신은 분명 지금과는 다른 모습일 것이다. 글 잘 쓰는 직장인, 영향력 있는 블로거, 책을 출간한 작가. 이 모든 성과가 결코 남의 이야기가 아니다.

6. 매일 글을 쓰면 달라지는 3가지

매일 글을 쓰면 어떤 일이 생길까?

첫째, 일상을 보는 눈이 달라진다

매일 글을 써야 한다는 생각을 하며 글감을 찾기 시작하면,

일상에서 글감을 찾는 습관이 생긴다. 글감을 찾으려면 먼저 관찰해야 한다. 일상을 관찰할 수도 있고, 사람이나 사물을 관찰할 수도 있다. 관찰은 새로운 세계를 보게 한다. 평소 무심코 지나쳤던 것을 새로운 시각으로 바라보게 된다. 출근길에 매일 건너던 다리에 적혀 있는 낙서의 사연이 궁금해 진다. 노랗게 물든 은행나무를 보고 계절의 변화를 체감할 수 있다. 모두 글을 쓰게 만드는 영감이 된다. 이전에는 A만 보던 사람도 이를 B, C로 확장하기도 하고 A, B, C를 서로 연결 지을 수도 있다. 이렇게 생각의 범위를 확장하며 깊고 넓은 사고를 할 수 있다.

둘째, 아이디어나 소재를 찾기 쉬운 뇌로 변한다

글쓰기를 매일 하게 되면 뇌는 관심사에 더 민감해진다. 이는 망상 활성계RAS, Reticular Activating System와 관련이 있다. 망상 활성계는 우리가 관심을 가지고 있는 정보에 더 잘 반응하도록 돕는 시스템이다. 쉽게 말해 '관심사에 따라 필요한 정보만 선택적으로 받아들이는 뇌 시스템'이다. 특정 모델 자동차를 구매하기로 마음먹으면, 그 모델이 길에 많이 보이는 현상과 같다. 글쓰기도 마찬가지다. 글을 잘 쓰고 싶다는 생각을 하고 루틴으로 만들면, 뇌가 글감이 될 만한 정보를 찾아 선택적으로 받아들이게 된다. 따라서 매일 글을 쓰면 오히려 새로운 글감을 더 쉽게 찾을 수 있다.

셋째, 글쓰기 두려움을 없앨 수 있다

글은 작가가 쓰는 거라며 뒷걸음질 쳤다면, 매일 쓰는 사람이 곧 작가라는 사실을 깨닫게 된다. 갑자기 글을 써야 하는 일이 생겼을 때도 크게 고민하거나 망설이지 않을 수 있다. 왜냐하면 매일 해오던 일이기 때문이다. 매일 하는 일에는 두려움을 크게 느끼지 않는다. 지속하다 보면 두려움은 점차 사라지고 익숙해진다. 무엇보다 자신감이 생긴다. 나 또한 매일 글을 쓰면서 얻은 가장 좋은 변화는 '자신감'이다. 누군가가 내 글을 좋아하지 않더라도 괜찮다. 나는 꾸준히 매일 쓴 사람이기 때문이다. 그 자체로도 스스로를 존중하게 된다.

그럼에도 때로는 의문이 들 수 있다. 글을 이렇게 쓰는 게 맞는지, 실력이 늘긴 하는지. 쓸 때마다 점수가 나오는 것도 아니고, 특히 자신이 쓴 글은 객관적으로 평가하기도 어렵다. 그래서 실력이 늘지 않는 느낌을 받기 쉽다. 때로는 잘 쓴 남의 글과 비교할 때도 있다. 그때가 위기다. 개의치 않고 계속해서 쓰면 된다. 분명 매일 쓰면 실력은 늘게 돼있다. 남과 비교하지 말고 지속하는 힘을 믿고 쓰자. 글쓰기도 계단식 성장이기 때문이다. 어느 순간 한 계단을 넘어서는 순간이 있다. 그렇게 또 길고 지루한 반복을 하자. 맨 꼭대기 층을 보고 오르면 한 계단조차 버거울 수 있다. 그저 눈앞의 계단 하나를 오르는 일만 생각하자. 그것이 바로 '오늘 글을 쓰는 일'이다. 그러다 보면 어느새 그다음 계단에 올라와 있다. 그렇게 계속 올라가보자. 당신의 몸값이 오를 뿐 아니라 생각과 시야도 더 넓어진다. 글을 쓰며 확장된 사고가 당신을 더 나은 사람으로 만들고, 새로운 기회를 발견하는 안목을 길러준다. 그러니 오늘도 한 문장씩 써내려가자. 그 문장이 쌓여 당신의 커리어와 삶에 변화를 가져올 것이다.

에필로그

'가장 좋은 글은 사람의 행동을 바꾸는 글'이다.

몇 년 전, 작가가 되겠다는 마음의 씨앗을 품었다. 글쓰기는 내게 쉽지 않은 일이었기 때문에 그저 꿈에 가까웠다. 그럼에도 나와 같은 고민을 하는 사람에게 도움이 되고, 사람의 행동을 바꾸는 글을 쓰고 싶었다. 포기하고 싶을 때마다 이 글을 읽을 독자를 떠올렸다. 결국 이 책의 시작과 끝은 지금까지 함께 읽어준 당신 덕분에 완성될 수 있었다.

이 책을 읽고 난 후 삶에서 단 한 가지라도 행동의 변화가 일어나기를 바란다. 모닝 페이지를 쓰기 시작하거나, 이메일 쓰는 방법을 바꿔보거나, 퇴근 전 업무 일지를 쓰거나, 블로그를 시작하거나 무엇이든 좋다. 오늘부터 시작하자. 그러다 문득 더 큰 도전을 하고 싶어진다면, 고민하지 말고 해보자.

완벽하지 않아서, 바빠서, 그만큼 잘하지 않아서, 세상에 잘난 사람이 많아서 등 온갖 변명으로 시작을 망설일 때마다 나를 움직였던 말이 있다.

"당신이 그 일의 10%만 알아도, 지금 당장 시작해도 좋다."

당신의 시작을 응원한다.

송프로

몸값을
올리는
직장인 글쓰기

1판 1쇄 인쇄 2024년 12월 10일
1판 1쇄 발행 2024년 12월 20일

지은이 송프로(송수연)

발행인 양원석 **편집장** 정효진
디자인 최승원, 김미선 **영업마케팅** 윤송, 김지현 이현주, 백승원, 유민경

펴낸 곳 ㈜알에이치코리아
주소 서울시 금천구 가산디지털2로 53, 20층(가산동, 한라시그마밸리)
편집문의 02-6443-8847 **도서문의** 02-6443-8800
홈페이지 http://rhk.co.kr
등록 2004년 1월 15일 제2-3726호

ISBN 978-89-255-7415-8 (03190)